DINÁMICAS
GRUPALES DE REFLEXIÓN

Colección
DINÁMICA GRUPAL

Silvio Botero Giraldo

DINÁMICAS
GRUPALES
DE REFLEXIÓN

SAN PABLO

Título
Dinámicas grupales de reflexión

Autor
Silvio Botero

© SAN PABLO
Carrera 46 No. 22A-90
Tel.: 3682099 - Fax: 2444383
Barrio Quintaparedes
E-mail: *sp_diredit@epmbog.net*

Impresor
Sociedad de San Pablo
Calle 170 No. 23-31
Bogotá, D. C. — Colombia

ISBN
958-607-011-5

Décimosegunda edición, 2001
Queda hecho el Depósito Legal según
Ley 44 de 1993 y Decreto 460 de 1995

Distribución: Departamento de Ventas
Calle 18 No. 69-67
Tels.: 4113955 - 4113966 - 4113976
Fax: 4114000 - A.A. 080152
E-mail: *spdircom@col1.telecom.com.co*

BOGOTÁ, D.C. — COLOMBIA

Presentación

El objetivo central que me he propuesto es el de servir a un signo de los tiempos tan característico como es la revisión de las personas, de los acontecimientos y de las cosas.

El joven moderno es particularmente sensible a este signo: cuestiona todo porque no se conforma con el mundo que la generación adulta le deja por herencia; la generación de los mayores teme el reproche y la censura que hace la juventud, y las más de las veces, con razón.

Nuestra juventud actual, que es mayoría abrumadora, pide la palabra para expresar sus puntos de vista, para hacer una apreciación del mundo presente, y sugerir modestamente el cambio, porque como va la sociedad así no puede ser.

Precisamente este libro ofrece instrumentos de trabajo de reflexión individual y grupal, para analizar la realidad que vivimos, cuestionar los criterios de base y postular una reorientación de la vida.

El libro es fruto de la experiencia de trabajo con grupos juveniles, y ofrece una serie de dinámicas agrupadas bajo varios títulos, según el objetivo que un animador se proponga lograr: dinámicas de conocimiento y de integración; dinámicas de evaluación del trabajo de los grupos; dinámicas sobre la persona de Cristo y sobre el análisis de la realidad histórica que estamos viviendo. Cada técnica se desarrolla dentro de un esquema sencillo, asequible y claro, dejando un margen a la iniciativa personal con una gama de sugerencias de posible realización.

Este libro está pensado para el trabajo que realizan animadores juveniles en sus grupos, para educadores que entienden la educación no como mera "instrucción", sino, y sobre todo, como formación; para coordinadores de encuentros o convivencias de grupos diversos; a todos ellos les podrá ser útil como pista, como instrumento, como fuente de inspiración, como sugerencia para el trabajo de reflexión que realizan.

Será la juventud la directamente beneficiada con este trabajo; la juventud se merece los esfuerzos que la Iglesia y la sociedad realicen, porque los jóvenes son "una enorme fuerza renovadora", son la esperanza de la Iglesia y un potencial de cambio y transformación que augura tiempos nuevos y mejores; a esta juventud que camina por nuestras calles, que se sienta en los bancos de colegios y universidades, que toca a las puertas de empresas y fábricas es a la que la Iglesia y la sociedad entera se debe con una gran responsabilidad histórica.

Con este libro crece la literatura existente al servicio de quienes dedican lo mejor de su vida a la opción preferencial de Puebla, los jóvenes, y se ofrece elementos de trabajo y de reflexión para canalizar la inquietud cuestionadora de la juventud que quiere dejar a la historia un mundo mejor del que están recibiendo de sus mayores.

El Autor

I
Técnicas de conocimiento

1. La comunicación

I. Objetivo: Descubrir la necesidad de comunicarnos, las condiciones que favorecen una auténtica comunicación y los efectos de la misma.

II. Recursos: Sala espaciosa o patio amplio para los ejercicios del primer paso; copia de las preguntas para el diálogo de grupo; cantos y juegos que hagan referencia al tema; ambientación del lugar con afiches-mensaje; material gráfico sobre el tema: revistas, imágenes, artículos de periódicos, libros, etc.

III. Método: Tres pasos.

Primer paso

En un patio o sala suficientemente amplia hacer que los participantes formen filas (uno tras otro), formen hileras (uno al lado del otro); formen parejas dándose la espalda, formen dos filas mirándose la una a la otra; en cada uno de estos pasos sucesivos hacer que entablen diálogo unos con otros durante unos cuantos minutos, a juicio del coordinador; después de cada uno de estos diversos pasos, hacer un breve foro o evaluación del ejercicio, con preguntas como estas: ¿Cómo se sintieron?, ¿les agradó el diálogo en esta forma?, ¿por qué?, ¿qué dificultades hallaron?, ¿qué condiciones exigen para que el diálogo sea agradable?

Segundo paso

El coordinador formará cuatro o más grupos pequeños; a cada grupo encomendará la realización de una tarea distinta para presentar en plenario en el tercer paso:

1. Hacer cartelera sobre la comunicación entre personas.

2. Montar un monumento sobre las barreras o dificultades para lograr una auténtica comunicación.

3. Organizar un sociodrama sobre las ventajas de la comunicación.

4. Preparar una breve conferencia o exposición sobre los requisitos o condiciones para hacer una verdadera comunicación.

5. Organizar un programa de radio o televisión sobre la forma como los *Mass Media* (medios de comunicación masiva) manipulan la comunicación.

Tercer paso

Presentación de estos diversos programas con reflexión y evaluación de cada uno de ellos. El coordinador podrá aprovechar este momento para hacer sus propias aportaciones a la reflexión grupal: evaluar lo que son de hecho las comunicaciones entre las personas (siguen un proceso del exterior a lo más interior). Ver gráfica n. 1 del anexo; presentar las diversas maneras como una persona puede recibir un determinado mensaje: ver gráfica n. 2 del anexo; explicar la técnica de la llamada *"Ventana de JOHARI"* como forma de crecimiento de la comunicación; Cf. Silvio Botero G., *Diálogo y Dinámicas*, Indo American Press Service, Bogotá, 1982.

IV. Sugerencias

• Varios juegos de sala ayudan a comprender el mecanismo de la comunicación.

• Técnicas como la *"Ventana de Johari"*, la parábola de los ciegos y el elefante, etc., ayudan a complementar la reflexión sobre el tema presente.

Gráfica No. 1

95% Lo que sucede
    Lo que tengo/hago
3% Lo que pienso
2% Lo que siento
    Lo que soy

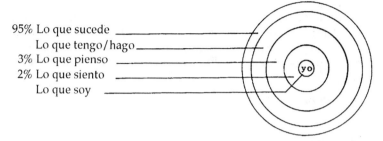

Gráfica No. 2

Por lo menos, seis (6) son los mensajes diferentes que pueden coexistir durante una conversación:

1. Lo que Ud. entiende que dice.

2. Lo que Ud. está actualmente diciendo.

3. Lo que oye otra persona.

4. Lo que la otra piensa que oye.

5. Lo que la otra persona dice.

6. Lo que Ud. piensa que la otra persona dice.

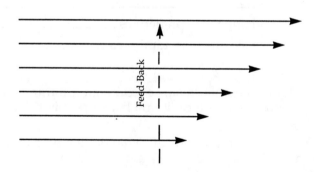

2. Técnicas de presentación

I. Objetivo: Cómo presentarse unos a otros dentro del grupo.

II. Recursos: Sala con ambientación oportuna: afiches de bienvenida, de saludo; papel y lápices en cantidad suficiente para la ficha individual de presentación; cantos y juegos para el caso; preguntas para el diálogo de grupos o de binas; tablero o papelógrafo.

III. Método: Tres pasos.

Primer paso

Partir de una sesión de cantos y juegos que contribuyan a crear un ambiente de confianza y de espontaneidad que rompan el hielo de la timidez y de la reserva. Luego distribuirá el coordinador una hoja de papel (en blanco) a cada uno de los presentes para realizar en él el siguiente ejercicio: cada uno escribirá con letra grande y legible:

• mi nombre es _____

• curso actualmente _____ de bachillerato (de Universidad)

• mi pasatiempo es _____

• mis padres viven (están muertos), mis hermanos son _____

• durante mis estudios la asignatura que más me ha agradado es _____

• la comida que más prefiero es _____

• el personaje que más admiro es _____

• y mi mayor deseo para el futuro es _____

Hecha la presente ficha, se les invita a mirar la ficha de los compañeros; para esto cada uno fija su propia ficha en el pecho con algún alfiler.

Después de un espacio suficiente de tiempo para leer la ficha de todos, el coordinador pedirá que cada uno busque entre sus compañeros aspectos afines, o sea, aspectos que tienen en común para formar con él una bina (pareja) y entrar a dialogar más a fondo; juntos irán a buscar compañeros que tengan otros aspectos afines a los suyos para formar con ellos un cuarteto; entre los cuatro conversarán sobre su propia vida. Prepararán una presentación del cuarteto en el plenario.

Segundo paso

Ya en el plenario, cada cuarteto hará su propia presentación ante los demás, indicando los aspectos afines que los unió en cuarteto. Podrán añadir a su presentación algún detalle de las habilidades de alguno de los compañeros: cantar, recitar, etc.

Tercer paso

Cada cuarteto tomará del banco de láminas material suficiente para elaborar una cartelera sobre lo que significa para el cuarteto "un encuentro con otras personas". El coordinador dará la señal para reencontrarse con el resto de compañeros y hacer entonces la presentación de sus trabajos.

IV. Sugerencias

• Conviene dar cabida especial a los cantos y juegos para romper el hielo.

• Conviene hacer una evaluación al final del ejercicio.

• Si es el caso, se podrá dar cabida a expresar los "temores y esperanzas" en relación con el trabajo que se va a emprender.

3. La otra mitad

I. Objetivo: El conocimiento e integración de los grupos.

II. Recursos: Sala de reunión; imágenes (en papel o cartulina) de personas, frutas, cosas divididas en dos partes en forma caprichosa; copia de las preguntas para el foro; cantos de ocasión y juegos; música ambiental para el primer paso.

III. Método: Tres pasos.

Primer paso

Reunidos en la sala del plenario, en un momento determinado el coordinador invita a cada uno de los presentes a tomar un

11

pedazo de las imágenes preparadas, cortadas por mitades en forma caprichosa, y buscará entre los compañeros quién tiene la otra mitad de la imagen. Una vez encontrada la otra mitad, dedican un espacio de tiempo suficiente a la presentación (si acaso no se conocen), al diálogo e intercambio de opiniones, a la conversación espontánea e informal. No se señala ningún tema de conversación, exprofeso. Esta conversación se lleva a cabo en binas (de dos en dos).

Segundo paso

A una señal del coordinador se reunirán en grupos de a dos binas, y en un ambiente informal continuarán la conversación comunicándose entre las cuatro personas, presentándose e intercambiando información. Hecha la presentación en la conversación sostenida en el primer paso, dialogarán sobre estas preguntas:

• ¿Al conversar en el primer paso, en binas, se interesaron más por contarse cosas o por conocerse como personas?

• ¿Creen que la comunicación realizada logró niveles de profundidad, o se quedaron en un nivel superficial? ¿Qué cosas de un nivel profundo de comunicación se dijeron? ¿Qué cosas creen que son superficiales, de lo que se contaron?

• ¿Qué es para Uds. lo que más obstaculiza una comunicación profunda?

• ¿Qué es lo que más les facilita una comunicación profunda?

• ¿Creen Uds. que la gente normalmente se comunica a nivel profundo? ¿Por qué?

Tercer paso

El coordinador pide a los grupos reunidos montar un "monumento" sobre la comunicación para presentar en plenario; en el plenario los demás grupos serán invitados a interpretar el monumento presentado por los otros grupos, mientras el grupo que hace la representación dará al final su propia interpretación, es decir, qué quisieron expresar.

IV. Sugerencias

- Al final de esta técnica, conviene rezar la plegaria "Oración para descubrir al otro" (Anexo).

- Otra forma de plegaria: en silencio cada uno reflexionará sobre las fallas personales cometidas contra la comunicación (insinceridad-mutismo, etc.).

- En algunos de los pasos, realizar otras técnicas; v.gr. la ventana de JOHARI.

- Invitar a alguien a hablar sobre la comunicación hoy.

- Ambientar la sala de reunión con afiches o mensajes relativos al tema.

Oración para descubrir al otro

Señor, enséñame a ver detrás
de cada palabra, un hermano.
Alguien que se esconde.
Que posee la misma profundidad o mayor que la mía.
Con sus sufrimientos y sus alegrías.
Alguien que tiene vergüenza, a veces,
de mostrarse tal cual es.

Que no le gusta mostrarse ante los demás
por timidez o porque... quizá,
se mostró una vez y fue lo mismo que nada.

Señor, hazme descubrir detrás de cada rostro
en el fondo de cada mirada, un hermano,
semejante a ti y al mismo tiempo,
completamente distinto de todos los otros.

Quisiera, Señor, tratarlos a cada uno a tu manera,
como tú lo hiciste con la samaritana,
con Nicodemo,
con Pedro...
como lo haces conmigo.

Quisiera empezar hoy mismo
a comprender a cada uno en su mundo,
con sus ideales,
con sus virtudes y debilidades

y también, ¿por qué no?...
¡con sus "chifladuras"!
Ilumíname también
para comprender a los que me dirigen,
a los que tienen autoridad sobre mí.
Que comprenda a aquellos a quienes estoy sujeto,
de quienes, en cierta medida, dependo.
Ayúdame, Señor, a ver a todos como tú los ves.
A valorizarlos no sólo por su inteligencia,
su fortuna o sus talentos,
sino por la capacidad de amor
y de entrega que hay en ellos.
¡Que en el "otro" te vea a ti, Señor!
SEÑOR, QUE TE VEA DETRAS DE CADA ROSTRO

4. Temperamento y comportamiento (Relaciones)

I. Objetivo: Conociendo el temperamento de las personas, tendremos también noticia de cuál es su forma de proceder; así sabremos comprender a las personas y aceptarlas como se manifiestan.

II. Recursos: Sala con ambientación de afiches-mensaje sobre el respeto y la consideración por la persona humana; copia del anexo para distribuir a cada participante para el análisis del temperamento y su conducta; cantos y juegos; papel y lápiz para el trabajo individual.

III. Método: Tres pasos.

Primer paso

Reunidos todos los participantes en la sala del plenario, cada uno recibe copia del anexo: lo lee en particular, lo aplica a su propia persona para hacer el diagnóstico de su temperamento y tomar conciencia de la manera peculiar de comportarse.

Segundo paso

En pequeños grupos se intercambiarán opiniones sobre el paso anterior; las siguientes preguntas podrán orientarles para el diálogo:

- ¿Gustó la información del primer paso? ¿Por qué?
- ¿Encuentran Uds. alguna utilidad en esta información recibida? ¿Qué utilidad?
- ¿Hubo algún punto oscuro o confuso que merezca aclaración? ¿Alguno de los presentes podrá hacer alguna aclaración al punto oscuro o confuso?

• Haga el grupo una lista de las cualidades y defectos que encuentran en los tres temperamentos, en cada uno de ellos, para luego en plenario hacer una única lista de estos defectos y cualidades.

El coordinador, después de un espacio prudencial de tiempo, invitará a reunirse en plenario para que cada grupo aporte su reflexión y hacer una única lista de las cualidades y defectos de cada uno de los tres temperamentos o etotipos.

Tercer paso

Nuevamente, cada uno en particular, con copia del anexo, releerá el texto del temperamento que encontró como suyo, y dedicará un espacio de tiempo a buscar qué normas de vida puede él mismo autoseñalarse para iniciar una tarea de formación, de corrección de los defectos que conoce, y de cultivo de las cualidades de que se siente poseedor.

El coordinador invitará a un compromiso serio para realizar las normas de vida que cada uno se propondrá como tarea del futuro.

IV. Sugerencias

• Ofrecer información sobre material (libros-revistas) que amplíe este tema.

• En la ambientación de la sala presentar imágenes que retraten los diversos tipos de conducta.

Anexo

Presentación de "tres etotipos" o modos de comportamiento

1. Primer etotipo: moral de la epiqueya sistemática

Es la actitud de quien cumple la norma interpretando ésta benignamente, con una comprensión de la ley favorable para quien debe cumplir la norma.

Es una persona de espíritu amplio; juzga con excesiva facilidad y frecuencia que la ley le ocasiona perjuicios; de ahí que suele ampliar la norma para quitarle los aspectos molestos; respeta la ley, pero se hace a la idea de que la ley no debe exigirle grandes esfuerzos para cumplirla.

No siente el deber en forma absoluta; ante el legislador observa una actitud sumisa y respetuosa, sin rebeldía externa ni interna; acepta la obligación en plan de interpretarla en una forma que no le moleste mucho; la conciencia personal no le angustia demasiado en lo que atañe al deber; tampoco pierde la paz cuando ha faltado.

Los principios que frecuentemente suenan en sus oídos son más o menos estos: "La ley no obliga cuando surge grave incomodidad", "la ley dudosa no obliga". Ante el prójimo se manifiesta altruista.

2. Segundo etotipo: moral de la eficacia de la acción

Fundamentalmente, este etotipo actúa con el principio "el fin justifica los medios". Obsesionados por el fin que se proponen alcanzar, no reparan en los medios conducentes al logro del objetivo; piensan que el fin hay que lograrlo a toda costa sin detenerse a considerar la bondad o malicia de los medios.

Su actitud frente al prójimo es deficiente, en parte, porque faltan sentimientos delicados para con él; en parte, porque sobrevalora todo lo relativo a su propia persona con menoscabo del otro; de ahí que llegue a considerar al otro como medio —"como trampolín"— para lograr sus fines.

Algo que lamentan mucho las personas de este tipo es que otros conozcan sus fallas. Ante la ley, interpretan ésta en forma benigna cuando encuentran que coarta o impide su actividad; miran la ley como algo que no le traerá obstáculos; no es rara la rebeldía interna en estas personas.

16

3. Tercer etotipo: moral del deber riguroso

Este etotipo centra la moral en el deber; el cumplimiento del deber llega a hacerle perder la paz; esto hace que su conciencia sea estrecha y que tenga un espíritu de temor y de encogimiento.

Interpreta la ley en sentido riguroso y su actitud ante la misma es de intranquilidad y de angustia; de ahí que suelen seguir la interpretación más segura de la ley; la actitud ante el legislador es sumisa y dócil; frente al prójimo manifiestan sentimientos delicados, por esta razón procuran no hacer daño a nadie. Un principio que actúa en estas personas es el de "la obligación por encima de todo", "hay que cumplir lo mandado cueste lo que cueste".

5. Tres actitudes posibles

I. Objetivo: Conocimiento personal.

II. Recursos: Cantos y juegos de sala; lugar favorable para el encuentro y ambientación con afiches, frases-mensaje; copia de las preguntas para el trabajo de grupo; papel y marcadores.

III. Método: Tres pasos.

Primer paso

El coordinador, previa la sesión de ambientación general (cantos y juegos), invitará a integrar varios grupos; a los diversos grupos les encomendará la tarea de organizar algunos monumentos (especie de sociodrama sin locución) que representen actitudes diferentes de las personas frente a la vida, frente a los problemas y dificultades, frente a las iniciativas de acción de otras personas; v.gr. la actitud del conformista, la actitud del pesimista, la actitud del luchador, la actitud del individualista, etc.

Cada grupo presentará su "monumento"; los demás grupos tratarán de interpretar el tipo de actitud que quisieron representar; todo esto en plenario.

17

Segundo paso

Cada grupo recibirá del coordinador una guía para este segundo paso, que consistirá en unas preguntas para identificar en detalle cada una de las actitudes principales y favorecer así la posibilidad de que cada integrante se identifique con determinada actitud.

Preguntas-guía:

• Den un nombre determinado a cada una de las actitudes que pretenden analizar.

• Debajo de cada nombre harán una descripción de los elementos de tal actitud, señalando:

— Algunas notas que caracterizan a la persona retratada en esta actitud (positivas y negativas).

— Algunas expresiones que la persona que observa esta actitud suele usar en forma constante.

— ¿Cuál es su forma de participar en sociedad?

— Si quisiera identificar esta actitud con un determinado animal, ¿con cuál de ellos identificarían cada actitud?

En plenario recoger estas actitudes y su descripción tratando de hacer una síntesis general.

N.B. No olvidar el peligro de "encasillar" a las personas echando a perder la originalidad de cada una.

Tercer paso

Nuevamente, en pequeños grupos, reducir a tres las diversas actitudes presentadas; aquellas tres más generales y típicas; el mismo grupo señale algunas recomendaciones que haría a personas que se identificasen con determinada actitud. Cada participante, en particular, tratará de identificarse con una de estas actitudes y verá en qué forma puede acoger las insinuaciones que el grupo ha sugerido.

IV. Sugerencias

• El coordinador subraye, al hacer la síntesis, la importancia de acoger a toda persona cualquiera sea su actitud.

• Podrá recomendar a los integrantes la utilidad de leer algo sobre los caracteres.

18

6. Dime cómo hablas y te diré quién eres

I. Objetivo: Detectar por la forma de expresarse qué mentalidad tiene.

II. Recursos: Sala de reunión debidamente preparada; tablero o papelógrafo; papel y lápices para el trabajo individual y de grupo; copia de las frases a analizar; copia de las preguntas para la reflexión; cantos y juegos.

III. Método: Tres pasos.

Primer paso

Cada uno de los presentes recibirá copia de las frases a analizar como expresión, cada una de ellas, de una determinada mentalidad vigente entre las personas: una mentalidad que revela la incoherencia entre lo que se dice y la vida concreta; una mentalidad que descubre un dualismo (lo sagrado y lo profano); una mentalidad que manifiesta un sentimiento de fatalismo frente a la historia; una mentalidad que revela a la persona como agente de la historia.

Cada uno marcará con los números de 1 a 4 las frases, según juzgue pertenecen a la primera, segunda, tercera o cuarta clase de mentalidad.

Hecho este primer ejercicio, harán por grupos una confrontación de lo que cada uno analizó, y mediante un consenso de grupo elaborarán una respuesta grupal para presentar en el plenario (ver en anexo la lista de frases).

Segundo paso

En plenario el coordinador hará la selección final de las frases según la mentalidad a que pertenecen, anotando las fallas que revela un determinado lenguaje, o los aspectos positivos del mismo.

Tercer paso

Asignará el coordinador a cada grupo representar en un sociodrama o en un monumento una clase distinta de mentalidad, que luego llevarán al plenario.

El coordinador señalará la filosofía que subyace en cada tipo de mentalidad; hará referencia a las épocas históricas que se inspiraron en tal tipo de mentalidad; indicará cómo la sociedad sigue un proceso y con ella también la forma de pensar y de hablar.

IV. Sugerencias

• Este ejercicio es más óptimo para personas de cierto nivel cultural.

• Conviene destacar cómo el hombre, la concepción que de él y del mundo tenemos, y toda la creación, están implicados en la forma de pensar y de expresarse.

• Cómo el mismo lenguaje es ocasión de tropiezo para la comprensión del pensamiento y para el diálogo entre personas y la mutua aceptación.

• Destacar cómo el hecho de conocer el lenguaje de las personas nos ayuda para el mutuo conocimiento y valoración de las personas.

Anexo

Tipos de mentalidad: 1. Incoherencia entre lo que se dice y la vida concreta.

2. Mentalidad dualista (espíritu y materia; alma y cuerpo; teoría y práctica...).

3. Mentalidad fatalista.

4. Mentalidad personalista: el hombre como agente de la historia.

Frases a analizar calificando cada frase como perteneciente a uno de los cuatro tipos de mentalidad indicados arriba. Aquí las frases llevan la designación correcta para ayuda del coordinador. Al trascribir las frases para el análisis por parte de los grupos, omita la enumeración.

1. Eso es puro bla... bla... bla.

El cura predica pero no se lo aplica.

Promesas y más promesas.

No bastan las buenas intenciones.

Pura demagogia.

No sólo el que dice "Señor, Señor..." se salvará.

Una cosa es el decir y otra el hacer.

Dime qué haces y te diré quién eres.

Cría fama y échate a dormir.

El infierno está lleno de buenas intenciones.

2. Una cosa es el comportamiento en el templo y otra el comportamiento en la calle.

Religión y política nada tienen que ver la una con la otra.

Una cosa es la religión y otra cosa es la ciencia.

Alma de Cristo, santifícame, Cuerpo de Cristo sálvame...

Hay que despreciar lo exterior para acoger lo interior.

Cuantas veces estuve entre los hombres
me volví menos hombre.

Hay que amar lo celestial y despreciar lo terreno.

El cuerpo es un instrumento del alma.

¡Es un hombre tan espiritual!

Esta civilización tan materialista.

Negocio es negocio. El rico no pierde sino el alma.

3. Es un hombre de suerte.

La suerte no me favoreció.

A esa gente no la cambia ni un brujo.

Es imposible dejar este vicio.

Es que nosotros somos así.

Al que nació para buey, del cielo le cae la enjalma.

Somos tradicionalistas por naturaleza.

Lo que la naturaleza no da, Salamanca no presta.

Le tocaba, o no le tocaba.

Los pobres llevan siempre las de perder.

Con esa gente no se puede.

Todo intento de cambio está de antemano
condenado al fracaso.

El soborno es necesario en esta sociedad.

4. El hombre es un proyecto de futuro e irrepetible.
El hombre no está hecho, se está haciendo.
El hombre vale más que todas las cosas.
En la escala de valores el hombre debe ser el primero.
Las cosas son para el hombre y el hombre para Dios.
La resignación y sumisión ante los acontecimientos no es una actitud propia del hombre.
La persona humana no es un medio, es un fin en sí misma.
El Estado no crea los derechos de la persona; simplemente los reconoce.
El sábado es para el hombre, no el hombre para el sábado.
El hombre responde ante sí mismo y ante la historia.
Sólo el hombre es capaz de hacer historia.

7. La risa (la sonrisa)

I. Objetivo: Análisis de una manifestación del hombre y conocimiento del mismo a través de la risa (sonrisa).

II. Recursos: Banco de láminas que representen personas sonriendo; copia de trozos sobre la sonrisa para leer y comentar; sala con una ambientación adecuada (afiches mensajes...); copia de preguntas para el trabajo grupal; papel y marcadores para trabajo grupal de elaboración de "slogans" sobre el tema.

III. Método: Tres pasos.

Primer paso

El coordinador motivará a los participantes en este ejercicio sobre la importancia de este tema para la sociedad actual que sufre de angustia y tedio. Dispersará por el centro de la sala una cantidad de imágenes de personas que ríen-sonríen; invitará a los presentes a observarlas en silencio y, haciendo ronda en torno a las imágenes, cada uno elegirá una o dos imágenes con las que se identifica por alguna razón; a una señal del coordinador cada uno tomará una de las imágenes con que se identificó; formando pequeños grupos, cada uno explicará con qué lámina se identificó y por qué. El grupo elegirá una sola imagen de grupo para presentar en el plenario con las razones por las que el grupo se identificó con ella; a esta imagen le colocarán "un pie de fotografía", es decir, una frase breve que sintetice el mensaje de la imagen.

En plenario cada grupo mostrará la imagen elegida a todos, leerá el pie de fotografía y dará las razones de la identificación del grupo con ella; fijarán la imagen con el pie de fotografía en la pared o cartelera, previamente dispuesta para este momento.

Segundo paso

Volverán los grupos a sus bases de trabajo con copia del artículo que leerán y comentarán con base en las preguntas siguientes; los anexos presentan los artículos a leer.

- ¿Cuál es la síntesis del artículo que acaban de leer?

- ¿Encuentran Uds. sentido a hablar, escribir un artículo, sobre la risa, la sonrisa? ¿Por qué?

- ¿Conocen personajes históricos que se hayan hecho famosos por su sonrisa? (Juan Pablo I, el "Papa de la sonrisa").

- ¿Qué beneficios han experimentado Uds. mismos cuando ríen?

- ¿Qué les hace pensar el ver una sonrisa en otra persona?

- ¿Qué cosas o hechos los hacen reír o sonreír a Uds.?

- ¿Cristo reiría (sonreiría) alguna vez?

Hacer plenario organizando varios subgrupos para ello con un coordinador en cada subgrupo.

Tercer paso

Cada grupo se desplaza nuevamente a sus bases de trabajo para elaborar en equipo algunos "slogans" sobre la sonrisa que sirvan de mensaje para la sociedad. Promover un concurso de "slogans" sobre la sonrisa.

Escribirán los "slogans" en papel o cartulina, con caracteres destacados, ojalá con diversos estilos de letra; los proclamarán en plenario, los fijarán en la pared.

23

Un jurado calificador, nombrado con anterioridad, hará la selección del mejor o de los mejores para premiar.

IV. Sugerencias

• Los mejores "slogans" fotocopiarlos y obsequiarlos a los participantes o a otras personas como un mensaje.

• Organizar alguna actividad de tipo social a realizar en un ambiente de dolor: hospital, ancianato, orfanato, etc.

• Promover una campaña en favor de la sonrisa: radio, prensa, publicidad, etc.

Anexos

1. ¿Qué es la risa?

— Es una manifestación propia y exclusiva de los humanos que puede expresar bienestar, alegría, sorpresa agradable y celebración de lo inesperado y divertido o de lo ilógico y ridículo.

La risa es una mezcla de gestos y ruidos que descarga una emoción placentera y que puede resultar un remedio muy eficaz, porque en ella interviene una gran variedad de elementos intelectuales y afectivos.

En una explicación gráfica, la risa consiste en una serie de aspiraciones y espiraciones más o menos ruidosas, acompañadas de contracciones involuntarias de los músculos faciales, con resonancias de la faringe y del velo del paladar.

Por lo general la produce algún incidente de carácter jocoso, entretenido y hasta ridículo, y también la ocasionan ciertos estímulos físicos, como las cosquillas.

Todas las personas experimentan en mayor o menor grado la sensación o el deseo de reírse. Unas abiertamente, a carcajadas y otras de manera más discreta.

Una persona sana, saludable, ríe. Los que no ríen pueden estar aquejados por alguna perturbación física o mental. Por lo demás se dice que la risa es una válvula de escape para la agresividad y por consiguiente tiene gran valor terapéutico.

2. Beneficios de la risa

Los psicólogos y médicos que han estudiado el fenómeno de la risa están de acuerdo en afirmar que es benéfica no sólo en el aspecto psicológico sino fisiológico.

Entre otros beneficios, citan los siguientes:
1. Fortalece los pulmones.
2. Despeja el sistema respiratorio.
3. Es un escape emocional saludable.
4. Es un medio de descarga de la energía superflua.
5. Destierra el hastío.
6. Facilita la comunicación y ayuda a combatir la timidez, la tensión y el aburrimiento.
7. Permite que transcurra fácilmente el presente, tanto como el tiempo borra las heridas del pasado o la esperanza ilumina el futuro.

CIMPEC-OEA de Bogotá, señala que el psicólogo norteamericano Herman Ryber en una conferencia para médicos decía: "La risa y la conciencia del humor llegan a ser doblemente importantes cuando los individuos están en situaciones anormales y serias".

Los médicos han descubierto que la risa, en pacientes hospitalizados lejos de sus familiares, es como una válvula de seguridad, mucho más cuando están en un ambiente extraño y enfrentados a un futuro incierto.

En esas condiciones la risa no es sólo un escape, sino que facilita la comunicación con otros pacientes.

Los psicólogos creen que la risa puede indicar el estado de salud mental y la personalidad del individuo. Uno de ellos, el doctor Jacob Levine, de la Universidad de Yale, dice que la risa es la medida de la adaptación del hombre a su ambiente.

Claro está que lo anterior no quiere decir que la persona a todo momento y por toda clase de gracejos se deba estar riendo.

Hay algunas bromas o chistes que no provocan hilaridad. Pero los que evitan el humor en cualquiera de sus manifestaciones pueden estar enfermos o temerosos de que al dar rienda suelta a su deseo de reír puedan perder su dignidad o autocontrol.

Los médicos y los psicólogos creen que la risa es buena para el cuerpo y para el alma porque con ella se eliminan las tensiones nerviosas y se despeja la mente de disgustos y resentimientos. La risa deja un sentimiento de bienestar, de satisfacción personal, de jovialidad y optimismo.

La risa y un buen sentido del humor son, además, signo de inteligencia. Mientras más agudo sea el intelecto, más fácilmente se captará un buen chiste, porque el humor es selectivo.

La risa, en definitiva, como se ha comprobado científicamente, es un tónico de la vida y la mejor medicina que puede disponer el ser humano.

3. El valor de una sonrisa

Lin Yutang escribió en *"La importancia de vivir"*, tratando sobre el sentido del humor en la política, que "el peor comentario que se puede hacer sobre las dictaduras es que los presidentes de las democracias pueden reír, en tanto que los dictadores parecen siempre tan serios: con una mandíbula prominente, un mentón muy resuelto y un labio inferior echado hacia afuera, como si estuviesen haciendo algo terriblemente importante y el mundo no se pudiera salvar sino por ellos". Esto, que se escribió por Stalin, Hitler y Mussolini, sigue siendo válido hoy con los dictadores de turno como Fidel Castro y Mao, que tampoco saben sonreír.

Agregaba Lin Yutang que la incapacidad de reír puede costar infinidad de vidas, como lo atestigua la historia, la intimidad de muchos sucesos nunca revelará ciertos detalles privados, pero se da por sentado que en momentos de tensión en una conferencia internacional, una sonrisa puede disolver una tormenta, porque muchas veces las actitudes son más expresivas que las palabras.

Si esto es válido para la vida pública, ¿qué no se podría decir del valor de la sonrisa en la actividad cotidiana de la familia, el trabajo y las relaciones sociales? Algún publicista yanqui escribió esta apología de la sonrisa para una cadena comercial, que conviene mantener muy presente para mejorar el pequeño mundo de cada uno:

"LA SONRISA" no cuesta nada, pero crea mucho. Enriquece a quienes la reciben, sin empobrecer a quienes la dan. Ocurre en un abrir y cerrar de ojos, y su recuerdo dura a veces para siempre.

Nadie es tan rico que pueda pasarse sin ella, y nadie tan pobre que no se pueda enriquecer por sus beneficios.

Crea la felicidad en el hogar, alienta la buena voluntad en los negocios y es la contraseña de los amigos. Es descanso para los fatigados, luz para los decepcionados, sol para los tristes, y el mejor antídoto contra las preocupaciones.

Pero no puede ser comprada, pedida, prestada o robada, porque es algo que no rinde beneficio a nadie a menos que sea brindada espontánea y gratuitamente.

Si alguno de nuestros vendedores está demasiado cansado para darle una sonrisa, ¿podemos pedirle que nos deje usted una sonrisa suya? Porque nadie necesita tanto una sonrisa como aquel a quien no le queda ninguna para dar.

Tratemos de ser desde hoy mismo, si acaso no lo somos, personas risueñas y veremos cambiar el mundo a nuestro alrededor: empezar el día sonrientes, saludar a los demás con alegría, romper situaciones tensas con una sonrisa, y contagiaremos este estado de ánimo. Dicen que para hacer mala cara es necesario contraer 74 músculos faciales, mientras que para sonreír se requieren 16; economicemos esfuerzos y ganemos amigos sonriendo.

4. ¿Qué revela la risa?

El estudio y clasificación de la risa no presenta dificultades a pesar de las muchas formas de reír. Desde la leve e imperceptible hasta la moderada y estruendosa.

Suele encontrarse la risa de *conejo* que aparece cuando uno se ríe sin ganas; la *franca* es la que se ríe con toda la boca; la *coqueta* que va escoltada por una forma especial de mirar; la *fingida* que es una risa estereotipada en la cual los labios son la única parte que se ríe; la *nerviosa* que se acompaña de llanto; y, finalmente *la burlona* que se caracteriza porque solamente se ríe media boca como si el labio estuviera partido.

El problema comienza cuando se desean interpretar las razones que impulsan a reír. Nos referimos a la risa intelectiva, es decir, la que se origina por obra del entendimiento y no por estímulo directo de los sentidos.

Según el gran psicólogo Logan cada persona está predispuesta a reírse de aquello que es afín a su manera de ser. Se puede comparar el ser humano a un aparato de televisión de un solo canal que únicamente capta las imágenes procedentes de una emisora. Cada individuo está sintonizado a un canal diferente; por esto se explica que un chiste haga reír a una persona, mientras que otras se quedan más serias que un espárrago.

Los chistes pueden catalogarse dentro de una de las siguientes categorías; graciosos, inesperados, tontos, verdes y chistes que no tienen ningún chiste. Las personas que se ríen ante un chiste *gracioso* demuestran tener estabilidad nerviosa, normalidad psíquica y temperamental y reacciones sensatas ante los problemas de la vida; son sujetos centrados de alma y de cuerpo que huyen de los extremos. Las personas que se ríen ante un chiste *inesperado* son amantes de tomarse las cosas por los extremos con un temperamento sanguíneo fácilmente excitable, poca estabilidad emocional y amantes de la aventura y lo desconocido. Los que se ríen de un chiste tonto demuestran su ingenuidad y su carácter franco y sincero; es fácil engañarlos y creen que todo el mundo es bueno y obra de buena fe. Los aficionados a los chistes verdes demuestran carácter sexual generalmente reprimido. Finalmente hay quienes únicamente se ríen cuando hay uno de estos chistes que no tienen el chiste por ninguna parte; estas personas demuestran poseer un carácter excéntrico, amante de diferenciarse del resto de la humanidad y de sobresalir por encima de las demás sin importarles los procedimientos utilizados.

5. Examina tu risa y clasifícate

La risa es una de las expresiones fundamentales de las emociones humanas. Ella surge en condiciones semejantes en todas las personas, pero el sentido del humor en cada cual es muy diferente. ¿Qué ocurre en su caso? ¿Cuándo y por qué ríe?

1. Si alguien que Ud. no conoce resbala en la calle y cae, ¿cuál es su reacción?

a) Reír.

b) Observarlo.

c) Acercarse a ayudarlo.

2. Cuando está leyendo un relato cómico, ¿acostumbra a reír en voz alta?

SI ___ NO ___

3. Cuando le cuentan un chiste ¿cuál es su reacción habitual?

a) Reír.

b) Sonreír.

4. Cuando va a ver una película cómica ¿ríe fuerte sin preocuparse de quienes le rodean en el cine?

SI ___ NO ___

5. Si se reúne con un grupo de amigos ¿suele comentar temas que los hacen reír a menudo?

SI___ NO ___

6. Si va caminando solo por la calle y de pronto ve o recuerda algo gracioso ¿procura controlar su risa para no causar una "mala impresión"?

SI___ NO ___

7. ¿Suele reírse de las actitudes de sus profesores o superiores?

SI___ NO ___

8. ¿Qué piensa cuando ve un grupo de adolescentes hablando en voz baja y riendo?

a) Que son felices.

b) Que no saben dar valor a las cosas realmente importantes.

c) Que son ridículos.

9. ¿Suele sentirse extraño dentro de un grupo más o menos numeroso que ríe?

SI ___ NO ___

Respuestas

Anótese un punto por cada respuesta afirmativa a las preguntas 2, 4, 5, 7. También la respuesta NO a las preguntas nn. 6 y 9 equivalen a 1 punto. En la n. 1, a: 2 puntos; b y c: 0. En la n. 3, a: 1; b: 0. En la n. 8, a: 1; b y c: 0.

Su puntaje

De 0 a 3 puntos:

Ud. pertenece al tipo de personas que ríe en muy contadas oportunidades. Tiene un carácter no sólo serio, sino también grave que le impide expresar libremente sus sensaciones. Le desagradan las manifestaciones de euforia o alegría y por lo general considera ridículos o inconscientes a quienes ríen con completa libertad delante de otros. Su conducta, que algunos podrían considerar "juiciosa", es poco espontánea y por este motivo puede causarle mucho daño. No tema dar a conocer lo que siente; la risa, incluso, la motivada por hechos intrascendentes, es una expresión importante que Ud. no debe ignorar. Aprenda, así mismo, a respetar la alegría de los demás y podrá comprenderlos mucho mejor que ahora.

De 4 a 7 puntos:

Ud. es una persona que sabe y desea expresar con libertad sus sensaciones. La risa le parece una forma sana de darlas a conocer y por eso no acostumbra a evitarla. Lo que sí le desagrada es que la desgracia o los defectos ajenos puedan provocar risa. Siendo una persona alegre, puede mostrar una gran espontaneidad cuando está en un ambiente agradable. Pero en ningún caso se burla de los demás o los utiliza como motivo de risa. Sin necesidad de imponerse estrictamente ciertas actitudes, se muestra comunicativo y alegre cuando la ocasión es propicia. Así mismo, sabe mostrarse serio y dominarse cuando los hechos lo hacen necesario

De 8 a 11 puntos:

Ud. ríe en todo momento y por cualquier motivo. Una gran variedad de hechos le producen hilaridad y ésta se hace mayor cuando está acompañado por un grupo más o menos numeroso. Le agrada hacer bromas y reírse tomando como motivo algunos defectos y equivocaciones ajenas. Este aspecto de su personalidad es muy negativo y debe tratar de modificarlo. No le pedimos que se convierta en un "tonto grave", pero debe aprender a asignar a cada hecho su real valor. Detrás de su alegría aparente puede ocultarse un gran deseo de sentirse integrado a un grupo y un afán de olvidar a menudo los hechos de mayor importancia.

8. Ilusiones ópticas

I. Objetivo: El conocimiento personal y grupal y el análisis de la realidad social.

II. Recursos: Sala y sillas en número suficiente; cantos y juegos de ambientación; fotocopias del conjunto de ilusiones ópticas para analizar; copia de las frases para el diálogo grupal.

III. Método: Tres pasos.

Primer paso

El asesor o coordinador de la dinámica entregará a cada uno o al grupo, según disponga de material suficiente, copia de una o varias ilusiones ópticas para estudiar. Las orientaciones generales para la observación individual o grupal de las ilusiones pueden concretarse en estas:

- Observe con detención la figura; ¿qué detalle especial encuentra? Si se trata de líneas, ¿son rectas? Si se trata de cuadrados, ¿son auténticos cuadrados? Si se trata de círculos, ¿lo son de verdad? Si se trata de figuras, ¿qué observa de especial?
- Compruebe con una regla las medidas o distancias.
- ¿En qué detalle halla Ud. la ilusión óptica?

N.B. Si es posible, convendrá que se intercambien las imágenes de las ilusiones ópticas, bien sea individualmente, o por equipos.

Segundo paso

Observadas las distintas ilusiones ópticas, se entregará a cada grupo una copia de las explicaciones de las diversas ilusiones para leer en cada grupo; ojalá a la explicación acompañe la imagen correspondiente.

Tercer paso

Este tercer paso consistirá en una aplicación a la realidad concreta de la vida individual o grupal. Será un diálogo de grupo precedido por un rato de reflexión particular sobre las preguntas que a continuación se sugieren:

- ¿Encuentra Ud. alguna semejanza entre la situación personal que la observación de la ilusión óptica le ha creado y la situación que la observación de la conducta de otra(s) persona(s) le crea en determinadas circunstancias?
- ¿A qué atribuye esta situación? Ojalá presente varias razones.
- ¿Quiere contar al grupo alguna de esas situaciones?
- ¿Qué mensaje deduce Ud. de este ejercicio? ¿Cómo inculcaría Ud. este mensaje a otras personas?
- ¿Juzga conveniente y necesaria para el ambiente social actual esta dinámica? ¿Por qué?

IV. Sugerencias

- Invite a los presentes a compartir con el grupo otras ilusiones que acaso conozcan.
- Convendrá terminar el ejercicio con unos minutos de reflexión personal: ¿este ejercicio me pide reformar alguna actitud especial de mi conducta habitual?

Será oportuno recoger algunos refranes populares que ilustren esta dinámica: v.gr. "no todo lo que brilla es oro".

Anexo

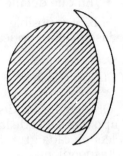

El cuadrado blanco y el negro tienen el mismo tamaño pero el blanco parece mayor por efecto de la irradiación.

Otro caso de irradiación es el aspecto que ofrece la luna en cuarto creciente; las puntas de la parte luminosa parecen salirse fuera del resto del disco, que se ve débilmente iluminado por la luz cenicienta.

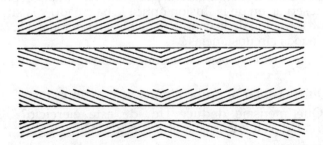

Estas figuras representan los célebres dibujos de Hering y de Zöllner, en que las rectas que son rigurosamente paralelas, no lo parecen por el contraste de su paralelismo con la convergencia de otras líneas convenientemente dispuestas.

La ilusión de Aristóteles (con el cruzamiento de los dedos en la forma indicada en la figura, un solo objeto aparece en la conciencia como si fuesen dos); la ilusión del engrandecimiento de los astros en el horizonte (la luna en el horizonte aparece mayor que en el cenit, a pesar de que debería ser al revés, por distar más de nosotros en aquél que en éste, y no poderse atribuir esto a la refracción de la atmósfera).

Imprimiendo a la figura un movimiento circular, se ven girar los distintos discos de que se compone

Ilusiones de perspectiva. En la figura la indicación de la perspectiva de un cubo hace que los ángulos rectos aparezcan oblicuos y los oblicuos rectos.

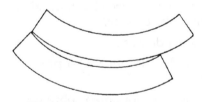

En la figura, los dos segmentos de anillo son iguales, a pesar de que en ninguno de estos casos aparece la igualdad.

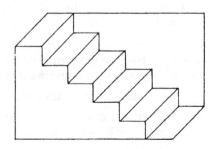

La figura llamada *La Escalera de Schröder*, es también figura equívoca, los escalones pueden verse por arriba o por abajo.

33

9. Proceso de madurez de la conciencia

I. Objetivo: Conocimiento personal y grupal.

II. Recursos: Sala debidamente adecuada; papel y lápiz en cantidad suficiente; copia de las preguntas para el trabajo individual y grupal; cantos y juegos de sala o de campo; música ambiental; tablero o papelógrafo.

III. Método: Tres pasos.

Primer paso

El coordinador motivará al grupo sobre la importancia de este tema para la formación personal y para la convivencia social.

En este primer paso el coordinador presentará a todo el grupo o a los subgrupos algunos casos que hagan referencia a nuestro tema, o bien, invitará a los presentes a proponer algunos casos, o a añadir otros a los que él sugiera, v.gr.:

• Gerente que soborna a la secretaria con la amenaza de despido del trabajo.

• Tesorero público que engorda las cifras de gastos con la complicidad de otros empleados con la oferta de "hacer serrucho" luego.

• Colegial que solicita la colaboración de otro chantajeándolo con la amenaza de denuncia de una falta de éste.

• Comerciante que falsea la báscula de pesos.

• Ejecutivo que llega siempre tarde a la oficina so pretexto que nadie le podrá reprochar nada.

Suscitará el coordinador un diálogo espontáneo sobre estos casos y otros que sugiera el grupo; para orientar en alguna forma este diálogo, podrá sugerir estas pistas:

• ¿Son frecuentes estos casos enunciados?

• ¿De quién depende que estos casos se estén generalizando en nuestra sociedad?, ¿del individuo?, ¿de la sociedad?

• ¿A dónde terminará llegando una sociedad donde estos males se generalicen?

Segundo paso

Aparecerá en el papelógrafo o en el tablero un conjunto de cuatro gráficas que representan el proceso de madurez de la conciencia humana (Anexo).

Aparte, entregará a cada uno de los presentes copia de una serie de frases que responden a actitudes de niños y jóvenes, según el estadio o etapa en que se encuentran dentro del proceso de evolución de la conciencia.

Los integrantes podrán marcar cada una de las frases con el número que corresponde a cada una de las gráficas (1-4), o mejor, si es posible, recortarlas y mediante alfileres fijarlas en cada una de las gráficas según corresponda; así podrán ser trasladadas de una gráfica a otra, si se quiere corregir en un momento determinado.

Los participantes, al marcar o fijar las frases en la gráfica correspondiente, podrán intercambiar pareceres entre sí.

Las frases aparecerán en el anexo con la enumeración correspondiente; pero al trascribirlas en el papelógrafo se omitirá la enumeración para no dar la pista del ejercicio.

El coordinador organizará un intercambio de opiniones sobre la recta colocación de las frases en cada una de las cuatro gráficas, e irá señalando el puesto correcto; al señalar el puesto correspondiente a cada frase, irá el coordinador indicando el proceso evolutivo de la conciencia a través de las cuatro etapas: 1. Anomía. 2. Heteronomía. 3. Socionomía. 4. Autonomía.

Tercer paso

Este tercer paso consistirá en la lectura de trozos importantes sobre la importancia de la conciencia, de su formación; sobre la necesidad de escuchar su voz; sobre la gran actualidad que tiene este tema en nuestro tiempo.

Lecturas:

• Gaudium et spes, *Vaticano II*, n. 16.

• Dignitatis humanae, *Vaticano II*, n. 3.

• Dignitatis humanae, *Vaticano II*, n. 8.

• "La conciencia moral es ciertamente el criterio próximo e indispensable de la honestidad de nuestras acciones; pero la conciencia ha de ser instruida, informada, orientada acerca de la bondad objetiva de la acción a llevar a cabo; su juicio instintivo e intuitivo no es suficiente; ha de menester una norma, una ley; de otro modo, su juicio puede alterarse bajo el impulso de las pasiones, de los intereses o de los ejemplos ajenos. De esta manera, la vida moral vive de utopías o de instintos; y, como hoy acontece, es una vida moral doblegada a las circunstancias exteriores, a las situaciones, con todas las consecuencias de relativismo y de servilismo que se derivan, hasta comprometer la rectitud de conciencia, que llamamos carácter, y hacer de los hombres una masa de cañas agitadas por el viento" (Pío XII).

• Gaudium et spes, *Vaticano II*, n. 17.

Cada grupo presentará, a través de un relator, una síntesis del trozo leído para información conjunta del contenido de los varios trozos.

IV Sugerencias

• La persona interesada en una información más amplia sobre la materia, la puede hallar en:

R. TABOADA V, *La objeción de conciencia*, Cuadernos BAC. 21.

NORMAN J. BULL, *La educación moral*, Verbo Div. Estella, 1976.

• Podrá cerrarse el ejercicio con una especie de examen de conciencia que nos lleve a localizarnos en una determinada etapa del proceso.

• Si alguno conoce un testimonio de alguna persona en relación con la conciencia moral podrá presentarlo.

Anexo

Proceso de la madurez de la conciencia humana

ANOMIA	HETERO-NOMIA	SOCIONOMIA	AUTONOMIA
Comportamiento instintivo.	Comportamiento impuesto desde fuera.	Comportamiento condicionado por el grupo.	Comportamiento de auto-regulación.
Control a través del dolor y placer.	Control a través del premio y castigo.	Control a través de la alabanza y la censura.	Las normas éticas nacen en el sujeto.
Favorece el control de las funciones orgánicas. Algunas actitudes persistirán hasta la edad adulta.	Las fuentes de la heteronomía son la familia, la escuela, la sociedad. Tendrá funcionalidad positiva cuando sea integrada en la autonomía Descubre la universalidad y obligatoriedad de la norma.	Favorece la reciprocidad y la colaboración. Aparece en este momento la simpatía natural. Aparece el principio "haz al otro lo que quieras para ti". Aparece también el criterio de lo justo.	Control: la coherencia y la incoherencia. Frente al imperio de la ley se coloca el mundo de las motivaciones del sujeto. Se comienza a tener en cuenta "la situación" dentro de "lo moral".

Anexo

frases

• Etapa de la anomía: carencia de normas.

Etapa de la heteronomía: la norma viene de fuera (del padre o madre—del educador—del policía).

1. "Mentir estaría bien si mi madre y mi padre así lo dijesen; ellos saben siempre qué es mejor".

2. "No hago eso... porque me están mirando".

3. "Eso está mal... porque si te pillan, te mandarán a una correccional".

4. "Es muy ofensivo; te pegan".

5. "Te arrepentirás. Tu madre te descubrirá".

• Etapa de la socionomía: la norma nace en el grupo de compañeros.

6. "Debemos amarnos unos a otros".

7. "Ayuda y te ayudarán".

8. "A mí no me gustaría que me robaran".

9. "Tiene el mismo derecho a vivir que yo".

10. "No. Tú no lo hiciste, yo tampoco".

• Etapa de la autonomía: la norma aparece en la voz de mi conciencia como criterio propio.

11. "Deja que tu conciencia te guíe siempre".

12. "Uno mismo sabrá que ha obrado mal".

13. "Esa falta me sigue dando vueltas en la cabeza".

14. "Mentir está bien por razones de amor".

15. "Creo que lo debo hacer".

10. Para elegir carrera...

I. **Objetivo:** Orientar para la opción por determinada carrera e informar al respecto.

II. **Recursos:** Sala de reunión plenaria; copia de la lista de carreras existentes en las universidades colombianas, otro material informativo como la revista PROTESTA n. 10, 44; tablero o papelógrafo; copia de las preguntas para el trabajo de grupo; cantos y juegos.

III. **Método:** Tres pasos.

Primer paso

Distribuidos en grupos pequeños, cada grupo recibirá copia de la lista de carreras o profesiones existentes en las universidades del país; leerán la lista deteniéndose a considerar el número de semestres de estudio que exige y el título que otorga, como también el área a que pertenece; si surge alguna dificultad el coordinador podrá ofrecer la iluminación del caso (Anexo).

Segundo paso

Los mismos o distintos grupos del paso anterior en esta segunda etapa dialogarán a partir de estas preguntas:

• ¿Qué razones suelen estar a la raíz de una elección de carrera o profesión en los jóvenes actuales?

• ¿Puede establecerse una escala de valores en las motivaciones o razones que explican una elección de carrera? ¿Cómo harían esta escala de valores?

• ¿A qué se debe que haya unas carreras más opcionadas que otras?

• ¿Cuáles son las mayores dificultades que encuentra un joven para su ingreso a la universidad, además del problema económico?

Para el foro podrá hacerse una reintegración de nuevos grupos, refundiéndolos totalmente, de manera que en los nuevos grupos haya integrantes de los grupos anteriores.

Tercer paso

Podría hacerse una "mesa redonda" con la participación de algunos profesionales o estudiantes universitarios; previamente los diversos grupos habrán preparado las preguntas para discutir en la mesa redonda con los profesionales sobre el tema de la elección de carrera.

IV. Sugerencias.

• Dar a conocer el folleto *"Orientación profesional"*. P. Luis A. Castro, Misioneros de la Consolata, Bogotá.

• Cartillas del ICFES. Otros libros de orientación profesional.

• Realizar algún test de orientación.

• Presentar información más detallada de alguna profesión.

Anexo
Descripción de carreras

I. Area Admón. y Economía. (pp. 4-90)	Sem.	Título
1. Admón. Agropecuaria	6	Tecnólogo
2. Admón. Empresas	10	Admor. de Empresa
3. Admón. Educativa	6-8	Técnico
4. Admón. Marítima	10	Admor. Marítimo
5. Admón. Textil	12	Admor. Textil
6. Ciencias Políticas y Admón.	10	Admor. Público
7. Contaduría	8-10	Contador Público
8. Economía Industrial	10	Economista Industrial
9. Gerencia Hotelera y Turismo	10	....
10. Economía	10	Economista
11. Admón. de Empresas y Turismo	6	....
12. Ingeniería Admón.	10	Ingeniero Admin.
13. Mercadotecnia	6	Tecnólogo en Mercadeo
14. Tecnología en Contabilidad	6	Tecnólogo en Contabilidad
15. Tecnología en Sistemas Ind.	6	Tecnólogo Industrial
16. Tecnología Admón. de Empresas	5-7	....
17. Ingeniería Industrial	10	Ingeniero Forestal
II. Area Agropecuaria (pp. 10-14)		
18. Agrología	11	Agrólogo Planificador
19. Agronomía	10	Ingeniero Agrónomo
20. Experto Forestal	4	Experto Forestal
21. Ingeniería Agrícola	10	Ingeniero Agrícola
22. Ingeniería Forestal	10	Ingeniero Forestal

23. Economía Agrícola	10	Economista Agrícola	
24. Medicina Veterinaria	10	Dr. en ...	
25. Tecnología Agrícola	6	Tecnólogo en Prod. Agríc.	
26. Tecnología Agropecuaria	4-7	Tecnólogo Agropecuario	
27. Tecnología de Alimentos	6	Técnico de Alimentos	
28. Tecnología Pecuaria	5-6	Tecnólogo en Produc. Animal	
29. Tecnología Pesquera	6	....	
30. Zootecnia	10	Zootecnista	

III. Area de Artes (pp. 14-18)

31. Arquitectura	10-11	Arquitecto	
32. Artes Plásticas	10	Licenciado en...	
33. Arte Publicitario	6	Técnico Sup. en ...	
34. Arte y Decorado	6	Tecnólogo en ...	
35. Bellas Artes	8	Licenciado en...	
36. Dibujo Arquitectónico	4-6	Delineante	
37. Música (Composición)	18	Compositor	
38. Dirección de Orquesta	16	Director de ...	
39. Dirección de Banda	14	Director de ...	
40. Pedagogía Musical	8	Licenciado en...	

IV. Area de Ciencias Naturales (pp. 19-21)

41. Bacteriología	6-8	Bacteriólogo	
42. Biología	10	Biólogo	
43. Ciencias del Mar	10	Biólogo Marino	
44. Oceanografía Física	10	Oceanógrafo Físico	
45. Tecnología Pesquera	10	Tecnólogo Pesquero	
46. Geología	10	Geólogo	
47. Microbiología	8	Licenciado en...	

V. Area de Ingeniería y Carreras Afines (pp. 22-31)

48. Construcción	10	Constructor de Edif.	
49. Ingeniería Civil	10-11	Ingeniero Civil	
50. Ingeniería de Geol. Petrol.	10	Ingeniero de Petrol. y Geología	
51. Ingeniería de Minas y Metalurgia	10	Ingeniero de Minas y ...	
52. Ingeniería de Petróleos	10	Ingeniero de ...	
53. Ingeniería de Sistemas	10	Ingeniero de ...	
54. Ingeniería Eléctrica	10	Ingeniero Electricista	
55. Ingeniería Electrónica	10	Ingeniero Electrónico	
56. Ingeniería de Transportes	10	Ingeniero de ...	
57. Ingeniería Geográfica	10	Ingeniero Geógrafo	
58. Ingeniería Mecánica	10-11	Ingeniero Mecánico	
59. Ingeniería Metalúrgica	10	Ingeniero Metalúrgico	

60. Ingeniería Química	10	Ingeniero Químico
61. Ingeniería Sanitaria	10	Ingeniero Sanitario
62. Ingeniería Naval	10	Ingeniero Naval
63. Instrumentación Industrial	6	Tecnólogo en Instrum. Indus.
64. Laboratorio de Ingeniería	6	Tecnólogo en ...
65. Tecnología Electrónica	6-7	Tecnólogo Sup. en ...
66. Tecnología en Computadores	6	....
67. Tecnología en Electromecánica	6	Técnico Sup. en ...
68. Tecnología en Electromec. y Telec.	6	Tecnólogo en ...
69. Tecnología en Obras Civiles	6	Técnico en Construcción
70. Tecnología en Química	5-6	Tecnólogo en Química
71. Tecnología Textil	6	Técnico Sup. Industrial
72. Tecnología Mecánica	6-7	Tecnólogo Mecánico
73. Topografía	4-6	Topógrafo

VI. Area de la Salud (pp. 32-35)

74. Citotecnología	2	Citotecnólogo
75. Enfermería	8	Licenciado en ...
76. Higienista Dental	3	Higienista Dental
77. Medicina y Cirugía	10-14	Médico Cirujano
78. Enfermería Gral.	6	Enfermero Gral.
79. Nutrición y Dietética	8	Licenciado en...
80. Odontología	10	Dr. en Odontología
81. Química Farmacéutica	10	Químico Farmaceuta
82. Regencia de Farmacia	5	Regente de ...
83. Terapia del Lenguaje	6	Técnico en ...
84. Terapia Física	6	Técnico en ...
85. Terapia Ocupacional	6	Técnico en ...
86. Optometría	10	Optómetra

VII. Area Físico-Matemática
(pp. 36-37)

87. Física	8	Físico
88. Matemática	8	Matemático
89. Química	10	Químico

VIII. Area Humana y Social
(pp. 38-45)

90. Antropología	8	Licenciado en ...
91. Bibliotecología	8	Licenciado en ...
92. Ciencias de la Educación	5-8	Licenciado en ...
93. Ciencias Políticas	9	Licenciado en ...
94. Comunicación Social	8	Licenciado en ...
95. Derecho	10	Dr. en ...

11. Ideales. Barreras. Soluciones

I. Objetivo: Motivación para la opción vocacional/profesional.

II. Recursos: Ambientación del recinto de reunión; cantos y juegos; papel y lápices en cantidad suficiente; copia de la canción "Despertar" y disco de la misma; preguntas escritas para el trabajo grupal; papelógrafo.

III. Método: Tres pasos.

Primer paso

El coordinador hará una previa motivación para introducir el tema e inculcar la importancia del mismo. Distribuirá entre los presentes copia de la letra de la canción "Despertar", mientras hace sonar el tocadiscos reproduciendo la canción; a la letra de la canción acompañará una copia de las preguntas para la reflexión, a manera de discoforo.

En caso de no disponer del disco con la canción, podrá el coordinador hacer leer el texto de la canción con un fondo musical escogido.

Preguntas para el trabajo de reflexión individual:

• ¿Qué impresión le ha causado esta canción?

- ¿Cuál es la frase más expresiva para Ud.?
- ¿Cuál cree Ud. que es el mensaje de la canción?
- ¿Qué sentimientos suscita la canción en Ud.?

Convendrá hacer un plenario para recoger la reflexión; en caso de ser muchos los participantes, se podrá sugerir hacer el plenario en subgrupos.

Segundo paso

Reunidos los participantes en nuevos grupos, o bien en plenario, invitará el coordinador a expresar por escrito cada uno tres (3) aspiraciones, las más sobresalientes, a realizar en el futuro; al frente de cada aspiración anotará una o dos dificultades con que tropezará cuando se trate de querer realizar las aspiraciones propuestas.

Después de un espacio prudencial de tiempo se hará el plenario; en el tablero o papelógrafo se anotarán en columnas distintas las aspiraciones de cada uno y las dificultades que aparezcan; se podría hacer una escala de importancia, no con las aspiraciones (todas son sin duda importantes), sino con las dificultades en las que puede influir el pesimismo, la desconfianza, la timidez, para restarles un poco de importancia y de gravedad.

Tercer paso

El coordinador formará nuevos grupos; cada grupo señalará un relator para su grupo; éste tomará nota de las aspiraciones y dificultades escritas en el tablero para tenerlas presente en el trabajo grupal de este tercer paso.

Reunidos en el lugar de reflexión, cada grupo dialogará sobre las dificultades señaladas: ¿qué tan notable es la dificultad?, ¿es real o ficticia?, ¿de quién depende?, ¿tiene fácil solución?, ¿cuál?, ¿qué aconsejaríamos en tal circunstancia?

Cada grupo buscará para las diversas dificultades señaladas alguna o algunas posibles soluciones, tratando de que sean realmente soluciones concretas y prácticas.

Regresarán al plenario; junto a las dificultades y aspiraciones ya escritas, anotarán ahora las soluciones señaladas. El coordinador aportará su experiencia personal para completar la visión de las soluciones; tratará de crear un ambiente no de derrotismo, sino de esperanza, de confianza y de ilusión.

IV. Sugerencias

• Convendrá mucho finalizar el ejercicio con cantos que susciten el buen ánimo entre los presentes.

• Si el público lo desea, podrá hacerse escuchar de nuevo la canción del comienzo u otra, v.gr.: *Desiderata*.

• Si hubiera la facilidad de invitar a algún profesional, podrá él dar un testimonio de su propia experiencia: aspiración—dificultades—soluciones.

Discóforo: Despertar

(Juan A. Espinosa. Seremos Felices).

A ti que no dices lo que nos sitia y amarga;
a ti que callas y otorgas, a ti que no dices nada,
a ti que tienes sellada la conciencia y la palabra;
a ti que no pones nunca tu granito en esta playa.
Donde todos contenemos el lento récord del agua.

A ti que tienes el mundo en el centro de tu cama
y consideras al hombre como una idea lejana,
a ti que siempre te ocupan tus problemas y tus ansias,
tus muebles y bodegones, tus negocios y tu casa,
y olímpicamente vuelves a nuestro pueblo la espalda.

A ti te digo que el mundo es más grande que tu casa,
más bella la libertad que el forro de tus butacas,
más importante que tú lo que en la calle reclaman
los hombres que desconoces por ser lejana su causa.

Es hora de despertar, levanta tu frente al alba;
verás al pueblo que viene, por nuestras calles avanza,
verás al pueblo que viene estrenando la mañana.

A ti que te cae muy lejos el dolor y la esperanza
y que no quebrantas nunca por los demás una lanza;
que no te apena la pena que a los demás atenaza;
que no compartes con nadie tu corazón y tu casa;
que no lloras con los ojos que las lágrimas arrasan.

A ti que tienes de noche las espaldas bien guardadas,
mientras la casa del hombre el terror nocturno allana;

a ti que ignoras que hay hombres
que de sol a sol trabajan,
y niños que no conocen el hambre de pan saciada,
a ti que cierras los ojos para no ver lo que pasa.

12. Parábola de los ciegos y el elefante

I. Objetivo: Descubrir la necesidad de la comunicación.

II. Recursos: Ambientación adecuada del lugar de reunión con afiches-mensaje, "slogans" escritos; cantos y juegos de sala; material fotocopiado de la parábola, de las preguntas para el trabajo de grupo; fotocopias de la representación gráfica de esta parábola, tomada de: EGGLAND. WILLIAMS. MOISES, *Relaciones humanas en los negocios*, South-Western Publishing Co., Cincinnati, 1979.

III. Método: Tres pasos.

Primer paso

Reunidos en plenario, el coordinador hará una breve motivación como introducción al tema que nos ocupará, e iniciará la dinámica con el juego llamado "baño del elefante". Invita a tres personas que quieran colaborar; les pide retirarse de la sala a un lugar donde no sea posible que escuchen lo que en la sala se comenta; el coordinador hará primero el juego así: (explicará con palabras las acciones que irá realizando) toma un recipiente y va a recoger agua de una llave; espera que el recipiente se llene; toma jabón y lo mezcla en el agua; toma un cepillo y se dedica a lavar un elefante que tiene delante (lava cabeza, tronco, extremidades); pasa por debajo del animal para lavarle el otro lado; al final, echará sobre el elefante el resto de agua que haya en el recipiente.

Ahora llama a la primera de las tres personas que se retiraron al comienzo; pide al público no sugerir nada de lo hecho; el coordinador repetirá delante de este primer observador lo que antes hizo explicando, y que ahora repetirá, pero sólo haciendo los gestos sin dar explicaciones.

El primer observador mirará con atención lo que ve hacer al coordinador para repetir estos gestos delante de la segunda persona ausente, y luego ésta, delante de la tercera.

Al final, el coordinador preguntará a cada uno de los observadores qué quiso hacer o qué pensó hacer cuando repetía los gestos, y repetirá nuevamente, y ahora con palabras otra vez "el baño del elefante".

N.B. El comentario a este juego aparecerá a lo largo del ejercicio.

Segundo paso

Distribuidos en pequeños grupos, cada grupo recibirá copia de la parábola y marcharán a los respectivos lugares de trabajo grupal, para analizar la parábola con base en las preguntas que se sugerirán.

"Parábola de los ciegos y el elefante.

Había seis sabios de la India muy ávidos por el saber, que a un elefante fueron a ver (aunque todos ciegos eran), pues por el tacto pudieran sus mentes satisfacer.

El primero, llegando a donde el elefante estaba, casi se cae y dando tumbos tocó el lado fuerte y ancho, y de inmediato balbuceó: ¡pero, señores, si el elefante es igualito a una pared!

El segundo al tocar el colmillo exclamó: ¡oh!, ¿qué tenemos aquí tan suave, liso y agudo? ¡Para mí es muy seguro ahora determinar que este proboscidio idéntico a una lanza es!

El tercero se acercó y, al tocar la trompa enredada, sin duda determinó que el paquidermo a una serpiente se asemejaba.

El cuarto sabio llegó a poder tocar la rodilla y exclamó: ¡qué maravilla la que acabo yo de ver! Este mamífero es lo más parecido a un árbol, pues tiene un tronco muy alto copado de flores arriba.

El quinto hindú ya quería algo más alto llegar y las orejas tocaba queriéndolas examinar. Luego de su pesquisa, ya sin duda analizaba que lo más próximo a un elefante, un abanico se llamaba.

El sexto hombre indostano por el rabo se lanzó y sólo atinó a palparlo mientras éste se mecía, y lanzó como en profecía esta brillante conclusión: el elefante es, amigos, como una soga o cordón.

Y así estos hombres de la India por mucho rato discutieron; cada cual su opinión exponía como si a ciencia cierta pudiera exponer que él en lo correcto estaba, y los demás por ciegos erraban".

Preguntas para el foro:

• ¿Qué relación encuentra el grupo entre el juego inicial y la parábola?

• ¿Entre el juego inicial, la parábola y las relaciones sociales de las personas, hay semejanzas? ¿Cuáles?

• ¿Las semejanzas encontradas en qué razones se fundan? ¿Por qué hay un nexo entre juego, parábola y realidad social?

• ¿Conocen refranes populares que hagan alusión al problema de la comunicación que esta dinámica se propone ventilar? ¿Cuáles?

• ¿Qué enseñanzas deduce el grupo de los tres elementos puestos sobre el tapete: juego, parábola y realidad social?

Conviene que el grupo las anote en papel como material de información para el plenario, y queden fijados en la pared de la sala de reunión.

Tercer paso

Formando nuevos grupos con los integrantes, se les invitará a reflexionar sobre lo que es la comunicación entre los hombres. Para esta reflexión guiarse por estas pistas:

• ¿Tienen alguna anécdota interesante sobre la comunicación (personal o de otra persona) que quieran participar al grupo?

• ¿Por qué consideran Uds. necesaria la comunicación?

• ¿Qué barreras u obstáculos para una auténtica comunicación perciben?

• ¿Es posible vencer estos obstáculos? ¿Cómo? ¿Conviene? ¿Por qué?

IV. Sugerencias

• Presentar en la sala, para aquellos a quienes interese, algún material de lectura, v.gr. ejemplares de la revista PROTESTA, folletos sobre la comunicación, postales con mensaje sobre este tema, libros sobre la comunicación, etc.

• Orientar los juegos y cantos del encuentro para reforzar este tema.

Anexo

Parábola de los ciegos y el elefante

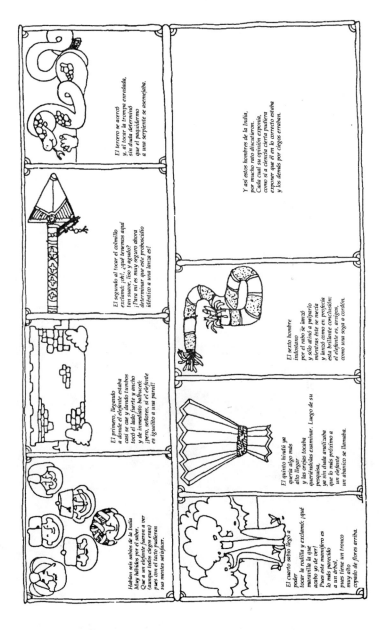

Habían seis sabios de la India
Muy hábiles por el saber,
Que a un elefante fueron a ver
(aunque todos ciegos eran)
pues con el tacto pudieran
sus mentes satisfacer.

El primero, llegando
a donde el elefante estaba
casi se cae y dando tumbos
tocó el lado fuerte y ancho
y de inmediato balbuceó:
¡pero, señores, si el elefante
es igualito a una pared!

El segundo al tocar el colmillo
exclamó: ¡oh!, ¿qué tenemos aquí
tan suave, liso y agudo?
¡Para mí es muy seguro ahora
determinar que este proboscidio
idéntico a una lanza es!

El tercero se acercó
y, al tocar la trompa enrolada,
sin duda determinó
que el paquidermo
a una serpiente se asemejaba.

El cuarto subió llegó a
poder
tocar la rodilla y exclamó: ¡qué
maravilla la que
acabo yo de ver!
Pues este mamífero es
lo más parecido
a un árbol,
pues tiene un tronco
muy alto
copado de flores arriba.

El quinto hiradú ya
quería algo más
alto llegar
y las orejas tocaba
queriéndolas examinar. Luego de su
pesquisa,
ya sin duda analizaba
que lo más próximo a
un elefante
un abanico se llamaba.

El sexto hombre
indostano
por el rato se lanzó
y sólo atinó a palparlo
mientras éste se mecía
y lanzó como en profecía
esta brillante conclusión:
el elefante es, amigos,
como una soga o cordón.

Y así estos hombres de la India,
por mucho rato discutieron.
Cada cual su opinión exponía,
como si a ciencia cierta pudiera
exponer que él en lo correcto estaba
y los demás por ciegos erraban.

II
Técnicas de integración

13. Concéntrese

I. Objetivo: Integración de grupos y descubrimiento de líderes.

II. Recursos: Sala con mobiliario suficiente; pared o tablero con posibilidad de fijar el material gráfico de la dinámica del "concéntrese"; los carteles o láminas para realizar este ejercicio; cantos y juegos que contribuyan a crear un ambiente favorable para la integración del grupo; preguntas fotocopiadas para la reflexión grupal.

III. Método: Tres pasos.

Primer paso

El coordinador, con anterioridad a este ejercicio, habrá preparado un número determinado de cartones (tamaño funcional), más o menos 36; cada cartón llevará un número (de uno a treinta y seis) por una cara, mientras que la otra llevará una imagen que forme pareja con otra imagen idéntica (no importa la enumeración del reverso), o bien una frase que quede distribuida entre dos cartones. Las imágenes o frases conviene que sean de tipo formativo.

Los que participarán en este ejercicio quedarán distribuidos en pequeños grupos; cada grupo se organizará a su gusto.

Los cartones estarán fijos en la pared o tablero con los números mirando hacia el público; se sortea entre los grupos el turno de comienzo y se establecen las leyes del concurso. Se llevará cuenta de los puntos que cada grupo vaya conquistando al adivinar los números que corresponden a dos láminas idénticas o a una frase completa. Se trata de adivinar qué números llevan imágenes idénticas, formando así parejas de números y de imágenes.

Segundo paso

Corresponde a la evaluación del concurso; para esto entregará a cada grupo las preguntas que los guiarán en este trabajo:

• ¿Qué fue lo que contribuyó más para que el equipo ganara, o perdiera, según el caso?

• ¿El grupo supo organizarse para el trabajo? ¿Cómo?

• ¿Apareció en el grupo algún líder? ¿Qué servicios le prestó el líder al grupo?

• ¿Qué aspectos positivos encontraron Uds. en el concurso?

• ¿Qué reglas le señalarían Uds. al concurso?

Tercer paso

A partir de la formación de nuevos grupos para este tercer paso, organizar una reflexión sobre lo que es un verdadero "trabajo de grupo".

El coordinador presentará como tarea a realizar por cada grupo, respectivamente, organizar un paseo, preparar una fiesta de cumpleaños de uno de los compañeros, programar un trabajo social, etc. Se les dejará en plena libertad; deberán dar informe en plenario del programa planeado.

Al recoger el informe de los grupos, convendrá preguntar a los integrantes si en su trabajo de programación tuvieron en cuenta, con prioridad el programa, presentarse unos a otros, si hicieron alguna técnica de integración, etc.

Es corriente que se comience a hablar de paseos y de fiestas, sin antes saber con quién irán al paseo, cuáles son sus gustos, etc.

Presentada la programación que se había encomendado a cada grupo y cuestionadas algunas actitudes como la que se sugirió arriba, enviar de nuevo estos grupos a dialogar sobre estas inquietudes:

¿Al programar las actividades (paseo-fiesta-trabajo social...) tuvieron en cuenta dar al grupo una mínima organización? (señalar un coordinador, un relator...).

¿Tuvieron presente un mínimo de relaciones humanas?, (respeto a la opinión ajena, escuchar al que habla...).

• ¿El hecho de haber triunfado, o perdido, en el concurso CONCÉNTRESE, qué conclusiones les dejó como enseñanzas para el trabajo de equipo?

• ¿Es fácil trabajar en equipo? ¿Por qué?

• ¿Qué normas establecerían Uds. para un auténtico trabajo de equipo? Justifiquen estas normas.

Convendrá que en este tercer paso se tenga presente la posibilidad de trabajar con la técnica de los llamados "vasos comunicantes". A manera de rotación, uno de cada grupo pasará a otro cada cinco minutos, y siempre un compañero distinto, para lograr así un intercambio de información de la reflexión de los grupos.

IV. Sugerencias

• El canto y el juego contribuirán en buena medida a realizar el objetivo de esta dinámica.

• Convendrá que el coordinador haga alguna síntesis del trabajo de conjunto para subrayar los aspectos positivos y señalar lo negativo desde el punto de vista del trabajo de equipo realizado.

• Si las circunstancias lo permiten, podrá añadirse como oración la lectura de Evangelio de san Juan 17, 20ss.

14. Alcance la estrella (concurso)

I. Objetivo: Lograr la integración de un grupo; formar para el trabajo de grupo.

II. Recursos: Un tablero y un número determinado de estrellas (recortadas en papel o cartulina); cada estrella lleva un número en el reverso, y al fijar la estrella en el tablero o pared, tener en cuenta que no se vea el número; un cuestionario sobre un tema determinado con un número de preguntas según el número de estrellas; el número de la pregunta corresponderá a una determinada estrella; el tema del cuestionario será conocido por los que van a participar; sala debidamente equipada; cantos y juegos.

III. Método: Tres pasos.

Primer paso

El coordinador distribuirá a los presentes en varios grupos, teniendo en cuenta cierta igualdad en la calidad de los integrantes; así la emulación durante el concurso quedará mejor lograda; se sortea el turno de comienzo del concurso entre los grupos; el grupo designa a uno de los suyos para tomar del tablero o pared una estrella; éste leerá el número que lleva en el reverso; el coordinador hará la pregunta correspondiente del cuestionario al grupo; responde en representación del grupo uno de ellos, después de comentar cuál sea la respuesta correcta; si hubo acierto, conservan la estrella hasta el final del concurso; puede concederse la posibilidad de tomar una segunda estrella al grupo que haya acertado en una primera.

No se admiten respuestas dadas individualmente sin antes haber consultado con el grupo. Conviene dejar en claro, desde el comienzo del concurso, cuáles son las reglas del juego para evitar conflictos sobre la marcha del ejercicio.

Segundo paso

Terminado el concurso, el coordinador motivará sobre la utilidad de un foro en pequeños grupos sobre la experiencia del concurso, para tomar del ejercicio algunas normas importantes a tener en cuenta en un trabajo grupal. Los mismos grupos que participaron en el concurso, dialogarán sobre estas u otras preguntas:

• ¿Qué actitudes de los compañeros fueron para el grupo un medio para alcanzar un mayor número de estrellas, o a la inversa?

¿Qué actitudes de los mismos contribuyeron a perder la posibilidad de ganar estrellas?

- ¿Qué fallas o aciertos notan que hubo en el grupo durante la realización del concurso?

- ¿Qué lecciones prácticas les deja el concurso a tener en cuenta cuando se quiere hacer trabajo grupal?

- ¿Cuáles son, a juicio del grupo, las reglas más importantes para que un trabajo de grupo sea efectivo y agradable?

- ¿Cuáles son, según el criterio del grupo, los peores obstáculos para un auténtico trabajo de grupo? ¿Por qué?

El plenario podrá hacerse en subgrupos combinando debidamente los participantes.

Tercer paso

Durante el plenario, o subplenarios del paso anterior, el coordinador destacará aquellos elementos de la reflexión grupal que merezcan acentuarse con vistas a lo que pide el trabajo de equipo.

Para el tercer paso pedirá a los grupos elaborar algunas carteleras en las que señalen los elementos o requisitos necesarios para el trabajo de equipo; presentarán estas carteleras en sesión plenaria haciendo la debida exposición del contenido.

IV. Sugerencias

- Tratándose de un grupo estable, convendrá aprovechar el ejercicio como diagnóstico de este tipo de trabajo grupal, para cuestionar las actitudes o comportamientos que benefician o perjudican al mismo; y para sacar conclusiones en vista a un mejoramiento.

- Podrá cambiarse la técnica de la cartelera, sugerida para el tercer paso, por el montaje de sociodramas que retraten la situación del grupo estable en este campo de la integración.

- Podrá también, en caso de contar con circunstancias propicias para la técnica del "cadalso", utilizarse ésta para que unos a otros se indiquen los puntos negativos o positivos de su participación en el trabajo comunitario.

15. Tan Gram Chino (Pergamino del sabio Yin-Yi)

I. **Objetivo:** Integración de grupos y descubrimiento de líderes.

II. **Recursos:** Sala provista de sillas en número suficiente; ambientación del recinto con imágenes y frases que motiven para la integración; mesas pequeñas según el número de pequeños grupos (de 6 ó 7 personas) a formar; cantos y juegos que contribuyan a lograr el objetivo; sobres de carta con los siete trozos de cartulina, debidamente recortados, para construir la imagen que el coordinador pida en el momento oportuno (Anexo).

III. **Método:** Tres pasos.

Primer paso

El coordinador presentará a cada uno de los grupos formados para este ejercicio un sobre de carta o bolsa con siete pedazos de cartón, debidamente recortados, según la imagen que ofrece el anexo.

Como reglas del juego puede establecer dos solamente: margen determinado de tiempo para formar la figura de un CUADRADO con las siete piezas y la plena libertad que se da al grupo para organizarse a su gusto.

El grupo que primero termine de realizar el ejercicio pasará a observar el trabajo de los restantes con la condición de no sugerir, corregir, etc.

Segundo paso

Se inicia con un foro dentro del mismo grupo con base en las directrices que el coordinador dará para todos los grupos:

• Preguntarse en el grupo ¿qué fue lo que más ayudó o dificultó para el trabajo de construir un cuadrado?

• ¿Quién ayudó más en este ejercicio? ¿Quién menos?

• ¿Hubo coordinación? ¿El grupo estableció algunas normas mínimas para el trabajo?

• ¿Alguien se destacó por su servicio de coordinación? ¿Alguien se marginó del trabajo?

Recogido este breve informe, el coordinador propondrá hacer una profundización en el tema que sugiere este ejercicio del TAN GRAM CHINO: la necesidad de integración de un grupo para realizar un trabajo armónico y con la participación de todos los integrantes. Sirviéndose de la técnica del "reportaje" y un plenario podrán hacer este esfuerzo de profundización.

El reportaje consistirá en entregar a cada participante una copia de las preguntas siguientes; cada uno hará a cinco o seis compañeros de los presentes una u otra de las preguntas; tomará nota de la respuesta por escrito para luego, con base en las respuestas, hacer el foro-plenario.

Preguntas para el reportaje:

• Cuando Ud. llega a un grupo por primera vez ¿qué es lo que más teme?

• ¿Qué es lo que Ud. juzga más difícil para integrarse en un grupo?

• ¿Qué es lo que más agradece cuando se siente bien al ingresar a un grupo nuevo?

• ¿Qué le recomendaría Ud. a una persona que va a participar en un grupo por primera vez?

• ¿Qué considera Ud. como más necesario para uno lograr integrarse lo más plenamente posible en un grupo?

• ¿Los recuerdos que Ud. tiene de participación en grupos son ingratos (desagradables) o son gratos? ¿Por qué?

• ¿Qué le aconsejaría a una persona que está encargada de coordinar a un grupo para que los integrantes se sientan todos bien?

• ¿Cuáles serían para Ud. las tres cosas más necesarias para lograr la total integración de un grupo de personas?

• ¿Cuáles son las tres principales dificultades, obstáculos para una auténtica integración de grupo?

• ¿Y Ud., concretamente, qué está aportando para la integración de nuestro grupo?

N.B. Todas las preguntas deberán ser respondidas.

Para el plenario, y a fin de que no se pierda ningún detalle, conviene que se anoten en papelógrafo o tablero, haciendo una sencilla tabulación, todas las respuestas. Con este material a la vista, tratarán de hacer una síntesis, destacando libremente aquellos elementos que se juzguen más útiles y necesarios para hacer una auténtica integración. La síntesis la harán los mismos participantes en forma espontánea.

Tercer paso

Invitará el coordinador a todos los grupos a organizar un "monumento" (socio-drama) con el que expresen (con gestos y sin palabras) lo que es, o cómo se logra la integración.

Presentarán en plenario los varios "monumentos" dando oportunidad a los restantes grupos de interpretar el mensaje de cada monumento.

IV. Sugerencias

• Es de aconsejar que los cantos y juegos de sala colaboren en esta tarea de ilustrar lo que es la integración de grupos.

• Una técnica que contribuye a este objetivo es "la búsqueda del tesoro".

• Convendrá también, tratándose de un grupo con motivación cristiana, dar el Salto Catequético con la lectura y comentario de algún pasaje del Evangelio, v.gr. san Juan 17, 20ss.

Anexo

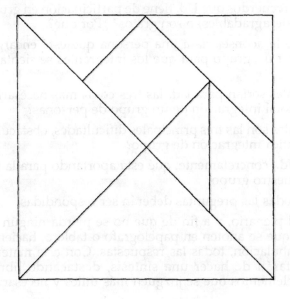

16. Capitán manda (concurso)

I. Objetivo: Integración del grupo y observación de líderes natos.

II. Recursos: Campo abierto (potrero o patio amplio); lista de objetos a pedir; cantos y juegos; copia de las preguntas para la reflexión grupal.

III. Método: Tres pasos.

Primer paso

La ambientación comenzará esta vez en campo abierto para lo cual podrá el coordinador preparar algunos juegos de campo a realizar por espacio de algún tiempo. Transcurrido éste, reunirá a los participantes en este concurso, los distribuirá en grupos, les indicará las reglas del juego, que son más o menos estas: cada grupo nombrará un coordinador o líder a quien entregarán los objetos que el "capitán" pedirá oportunamente; sólo a través del líder llegarán a manos de éste las cosas que el capitán solicite; el grupo que primero haga llegar al capitán las cosas pedidas, por manos del líder, obtendrá puntaje; la competencia se hará en forma limpia sin interponer obstáculos maliciosamente.

El coordinador, a una señal, iniciará la competencia solicitando a los grupos conseguir cada vez una cosa distinta; llevará cuenta de los puntos obtenidos por los diversos grupos.

La lista de cosas a solicitar puede ser así u otra que quiera elaborar, según las circunstancias: CAPITAN MANDA TRAER... un botón blanco—un lapicero azul —una hormiga viva—una escoba en buenas condiciones—una moneda de diez centavos —un calendario de 199...—una flor, la más pequeña que encuentren —un buche de agua —una hebra de cabello, la más larga que aparezca—una media o calcetín blanco—(podrá añadir otras cosas más, si interesa).

Segundo paso

Terminado el concurso o competencia, se reunirán los grupos para evaluar el ejercicio con base en estas preguntas:

- ¿A qué circunstancias atribuye el grupo el hecho de haber obtenido el puntaje logrado?
- ¿Cómo califican la actuación del líder que nombraron para coordinar la actividad del grupo? ¿Por qué?
- ¿Hubo otros compañeros que manifestaron aptitudes de líder? ¿Cuál? ¿Qué aptitudes manifestó?
- ¿Quiénes colaboraron más en la competencia?, ¿quiénes menos?, ¿por qué?
- ¿El ejercicio hecho les da alguna enseñanza? ¿Cuál?
- ¿Cómo consideran Uds. el trabajo de equipo: fácil o difícil? ¿Por qué? ¿Conviene o no aprender a trabajar en equipo? ¿Por qué? ¿Qué normas se deberá tener en cuenta para trabajar en equipo en forma eficiente y provechosa?

Harán plenario para anotar en tablero o papelógrafo las observaciones de los grupos sobre lo que constituye trabajo de equipo.

Tercer paso

Hecha la evaluación de la competencia o concurso, el coordinador advertirá a los grupos que el paso siguiente será una aplicación de lo que expresaron en la reflexión anterior sobre el trabajo de equipo, y tendrán así oportunidad de corregir las fallas anotadas en el primer paso.

Se trata ahora de hacer el ejercicio de la llamada "guitarra humana".

El coordinador explicará el ejercicio: él extiende su mano izquierda, los integrantes de cada equipo designan un compañero que represente al grupo; éste coge uno de los dedos de la mano del coordinador; en caso de que sean muchos los representantes de grupo, asentarán su mano sobre el brazo del coordinador; éste con su mano derecha, a manera de quien toca las cuerdas de una guitarra, tocará la mano de alguno de los representantes de grupo, e inmediatamente éste entonará una canción cualquiera (sin repetir, so pena de ser eliminado del juego).

Así el coordinador irá pasando de una mano a otra haciendo entonar canciones; detrás de cada representante podrá estar su grupo asesorándolo con la inspiración de canciones populares o religiosas; el último en quedar sin dejarse eliminar, será aplaudido como "campeón de la canción", él con su grupo.

Podrán hacer una nueva evaluación para comprobar si hubo algún avance entre el primer paso y este tercer paso en el trabajo de equipo.

IV. Sugerencias

• Conviene que el coordinador, cuando se trate de ejercicios de competencia o emulación, invite a los grupos a ser modestos con la victoria y nobles en la derrota.

• En el plenario subraye con énfasis el coordinador la importancia del trabajo de equipo, la necesidad de educarse para trabajar en grupo.

• Convendrá igualmente en el plenario hacer aplicaciones prácticas a la forma de trabajo de grupo que observamos en el colegio, en la familia, en el deporte, en el trabajo social, etc.

III
Técnicas de evaluación

17. Evaluación de la integración de grupos

I. Objetivo: Hacer un diagnóstico de la integración de un grupo, de sus fallos y sus posibilidades.

II. Recursos: Un grupo de personas que en forma estable llevan un tiempo de trabajo; lugar adecuado para el encuentro; copia del anexo con las imágenes de posibles formas de integración; copia de las preguntas para el diálogo de grupo; cantos y juegos que cultiven la integración y ayuden a descubrir la mayor o menor integración del grupo.

III. Método: Tres pasos.

Primer paso

Distribuido el personal en pequeños grupos, dar a cada uno copia de las 11 figuras que retratan las posibles formas de integración existente en un grupo con la breve explicación adjunta a cada figura. Cada persona, primero en particular, luego en grupo, tratará de identificar la integración existente en su grupo con alguna de las figuras, buscando al mismo tiempo las razones de tal identificación.

Hecha la identificación por parte de cada uno de los integrantes, se les invitará a formar grupos para confrontar allí el trabajo de cada uno con el trabajo del resto de participantes, y llegar así a una única identificación grupal.

Un tercer momento de este primer paso será con la técnica de refundir en nuevos grupos a todos para que allí se haga una nueva confrontación de las diversas identificaciones logradas en los grupos, y llegar dentro de lo posible a una única identificación; o por lo menos, lograr reducir todas las identificaciones grupales a unas pocas solamente, recogiendo las razones de tal o tales identificaciones.

Segundo paso

El coordinador invita a los grupos formados a montar un sociodrama o monumento que retrate en alguna forma la integración que creen existe en el grupo estable que todos integran; los demás grupos discutirán sobre los aciertos o desaciertos de la representación.

Tercer paso

Los grupos conformados se reunirán para reflexionar sobre la integración del grupo guiándose por estas preguntas:

• ¿De qué causas creen Uds. que depende la real integración del grupo o la falta de integración? ¿Depende de la disciplina existente?

¿Depende de las relaciones afectivas que hay en el grupo?

¿Depende de la comunicación que existe?

¿Depende de la organización de la mesa directiva? ¿Depende de la vivencia de pertenencia al grupo?

¿Depende de la satisfacción común por las tareas realizadas?

• ¿Las fallas que encuentran en la integración a qué causas obedecen?

• ¿Cuáles creen que son las posibles formas de mejoramiento de la integración del grupo?

• ¿Qué lema sugiere el grupo como "slogan" para todo el grupo grande, a tener presente como consigna?

El grupo presentará esta consigna por escrito en un cartel grande para fijarlo en la sala de reunión plenaria.

IV. Sugerencias

• En el tercer paso se podrá pedir a cada grupo buscar una canción con la que se identifique para que la cante en el plenario.

• Aprovechar la sesión plenaria para subrayar que la integración es tarea de todos los grupos humanos: escuela, colegio, familia, grupo de trabajo, grupo de deporte, etc.

• El coordinador, si quisiera recurrir a un conocimiento más profundo de la integración del grupo, podrá utilizar la técnica del "sociograma" con las debidas cautelas del caso.

• Podrá hacerse referencia a casos históricos de la integración de grupos, para aprender de la experiencia de otros.

Anexo

¿Cuál de estos tipos de discusión hace usted?

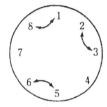

DE PAREJAS: Habla solamente con su vecino. No se preocupa del resto del grupo.

LATERAL: Limita la discusión a una parte de los participantes.

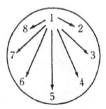

APATICOS: Uno solo trabaja, los otros escuchan y preguntan. Son perezosos.

DE BATALLAS: Todos hablan al mismo tiempo en medio de gran confusión. No hay respeto por quien está en uso de la palabra.

65

OLIMPICA: Cada uno da su opinión y se desentiende de los demás. No se interesan por sus vecinos.

DE ISLAS: Permanece cada uno en su sitio, sin ocuparse de los demás. Cada uno es una isla. ¿Para qué participar? Su opinión no me interesa.

DE MONOPOLIO: Sé tanto de este tema que enseñaré a los demás. No los dejo hablar porque no saben.

DE BANDOS: Se establecen dos grupos diferentes discutiendo al mismo tiempo. Sólo lo nuestro es interesante.

DE CHAMBONES: Nadie escucha, todos hablan. Se salen del tema, no hacen nada efectivo.

DE DESCORTESES: Hablan sólo con los conocidos, excluyen a los demás. Su opinión no les parece importante.

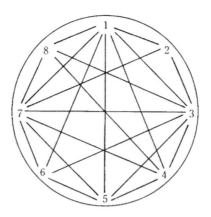

EL GRUPO IDEAL: Existe un clima de trabajo en el cual cada uno es respetado y considerado. Todos aportan, según sus capacidades y todos aprenden de los demás. Es un grupo realmente efectivo en el cual hay verdadero intercambio de opiniones y estudio a fondo del tema.

18. Valores de grupo

I. Objetivo: Descubrir los valores existentes en un grupo de personas, y posibles valores para cultivar.

II. Recursos: Sala con ambientación oportuna y mobiliario suficiente; papel y lápices para el trabajo grupal; juegos, canciones, textos del Evangelio.

III. Método: Tres pasos.

Primer paso

Reunidos todos en la sala del plenario, cada uno recibe papel y lápiz para un ejercicio individual: anotar el nombre de cada uno de los compañeros presentes (se supone que todos se conocen) y frente al nombre los valores o aptitudes que encuentra en cada uno de ellos. Espacio prudencial de tiempo.

N.B. Este primer paso exige del coordinador una previa motivación a todos para dejar de lado posibles egoísmos, odios, prevenciones, etc., y mirar a los demás con ojos positivos.

Segundo paso

En pequeños grupos, cada uno manifestará a los restantes los valores, cualidades, aptitudes descubiertas en ellos; los otros tomarán nota de los valores señalados y que él no hubiera descubierto en un determinado compañero.

Si acaso de algún compañero tuvieran poca información y por esta razón no hallan valores en él, le pedirán que cuente al grupo quién es, qué ha hecho en su vida de bueno, qué sabe hacer, qué concepto tiene él de sí mismo, etc.

Terminada esta primera fase de trabajo grupal, se discutirá sobre los valores que hacen falta después de conocidos los valores existentes en los presentes; tomarán nota de estos valores que hacen falta.

Tercer paso

En plenario cada grupo hará la presentación de los integrantes comunicando los valores hallados entre ellos; comunicarán también el elenco de valores que quiere tener el grupo; si alguno de los otros grupos posee tal valor, manifestará en cuál de los compañeros existe tal valor.

Terminada esta presentación de los valores existentes en los diversos grupos y de los valores que quieren tener, pasarán a dialogar sobre las siguientes preguntas:

• ¿Ha encontrado el grupo alguna utilidad en esta dinámica?

• ¿Es corriente en la sociedad destacar los valores de las personas? ¿Por qué?

• ¿Tuvo el grupo la impresión de que entre ellos había hasta hoy "tesoros escondidos", o sea, personas con valores desconocidos?

• ¿Conoce el grupo la parábola de los talentos del Evangelio? ¿Encuentra el grupo alguna relación de esta dinámica con esta parábola?

• Elabore el grupo una frase-mensaje que sea la conclusión de este ejercicio.

Con esta frase-mensaje, escrita en papel o cartulina y de manera bien destacada, se identificará el grupo al final del plenario.

IV. Sugerencias

• La dinámica de la "ventana de Johari" contribuye a ampliar la información que cada uno pueda tener de los compañeros.

• Igualmente, la dinámica del "carrusel" ayuda al mutuo conocimiento.

• Las frases-mensaje podrán utilizarse para motivar a otras personas que no hicieron este ejercicio en la búsqueda y estima de los valores de los demás.

19. ¿Solo? ¿En equipo? ¿Cómo es mejor?

I. **Objetivo:** Descubrir la necesidad de la cooperación e integración.

II. **Recursos:** Ambientación de la sala de acuerdo al tema del día; tablero o papelógrafo; papel y marcadores para elaborar afiches; copias de la parábola de la abeja, o fábula sobre la cooperación (anexo); cantos y juegos; copias de las preguntas para el trabajo individual y de grupo.

III. **Método:** Tres pasos.

Primer paso

Cada uno recibirá copia de la fábula sobre la cooperación para leer en particular; mientras hacen la lectura se podrá escuchar algún fondo musical. Junto con la copia de la fábula recibirán también copia de las preguntas para dirigir la reflexión individual:

• ¿Cuál es en síntesis, el argumento de la fábula?

• Subraye aquellas expresiones de la abeja que más le llamen la atención, y diga por qué.

• ¿Cuál fue el final de la historia? ¿Por qué?

• ¿Cuál es la moraleja o mensaje de la fábula?

• ¿La historia de la "vieja abeja" se repite también entre los hombres? Señale casos concretos.

• ¿La sociedad actual acoge el mensaje de la fábula? ¿Cómo? ¿Por qué?

Segundo paso

Con base en la reflexión anterior, ahora en pequeños grupos dialogarán sobre el mismo tema, pero con preguntas distintas:

- ¿La educación recibida nos ha preparado para la cooperación?
- ¿Qué expresiones individualistas conocen Uds. que vayan en contra del espíritu de cooperación?
- ¿Hay peligro de un individualismo o egoísmo de grupo? ¿Cómo entienden Uds. lo que es el egoísmo de grupo, o grupos cerrados, los "ghetos"?
- ¿Es una razón válida decir que debemos cooperar porque cualquier día necesitaré de la ayuda de los otros? ¿Hay otras razones más válidas? ¿Cuáles?
- Señale casos concretos de colaboración grupal auténtica y de colaboración no auténtica.
- Elabore, el grupo, una sentencia que condense la reflexión hecha.

Tercer paso

En plenario presentarán las sentencias elaboradas en grupo y escritas como carteles; se invitará a cada grupo a elegir una canción que conozcan y que recoja en lo posible su mensaje para que la entonen con la cooperación de todos.

IV. Sugerencias

- Proyectar el audiovisual: *El árbol que siempre dijo no*. Edic. Paulinas. *La gota de agua*. Sono-viso, Perú.

Anexo

Una fábula sobre la cooperación

Dijo una vieja abeja al final de cierto día:
"Este asunto de la colonia en realidad no conviene.
Deposito mi miel en esa vieja colmena
para que otros puedan comer, vivir y prosperar:

Y hago más trabajo en un día, por Dios,
que otras de mis compañeras hacen en tres.
Trabajo y me desvivo, ahorro y acumulo,
y todo lo que obtengo es casa y alimento.
Aspiro a una colmena que pueda dirigir yo misma,
y para mí los dulces frutos de mi arduo trabajo".
Y así la abeja voló sola a un prado
y comenzó un negocio propio.
No pensó más en su clan zumbador.
Y toda su intención la puso en su plan egoísta,
vivió la vida de un ermitaño libre.
"Ah, esto es vivir", exclamó la vieja y sabia abeja.
Pero el verano fallecía y los días se hacían más tristes
y la abeja solitaria se marchitaba
enjugando una lágrima.

Y los demás insectos devoraron su pequeño almacén
y su cera se agotó y su corazón se tornó amargo.
Y así volvió a su antiguo hogar
y tomó sus comidas con todas las demás.
Solos, nuestro trabajo es de poco valor;
juntos somos los amos de la tierra.
Uno para todos y todos para uno.
Unidos venceremos, divididos fracasaremos.

Autor anónimo

20. Acción cooperativa vs. acción competitiva

I. Objetivo: Analizar la realidad de nuestra sociedad individualista.

II. Recursos: Sala debidamente adecuada y ambientación en torno al tema que nos ocupará hoy; papel y marcadores para el trabajo grupal; copias del anexo, o bien, cartel grande que trascriba el paralelo entre acción cooperativa y acción competitiva; cantos y juegos que contribuyan en la orientación de la dinámica; banco de láminas, periódicos y revistas.

III. Método: Tres pasos.

Primer paso

El coordinador distribuirá el personal presente en pequeños grupos y les encomendará montar algunos sociodramas en los que se explicite la situación de la sociedad que hoy queremos cuestionar a través de esta técnica: conflictos entre personas y entre grupos, lucha de clases, rivalidades, divisiones, etc.

En plenario se hará la representación de los varios sociodramas con el correspondiente comentario.

Segundo paso

Los mismos o distintos grupos se reunirán; recibirán copia del paralelo entre acción cooperativa y acción competitiva; leerán este paralelo y comentarán con base en estas pistas:

• Los sociodramas que acaban de presentar se encuentran retratados en uno de estos dos tipos de acción: competitiva o cooperativa ¿En qué forma?

• ¿Cuál de los dos tipos de acción creen Uds. es más frecuente? ¿Por qué?

• ¿Qué razones encuentran Uds. a la raíz de cada uno de estos dos tipos de acción?

• ¿Cada tipo de acción qué consecuencias previsibles puede tener?

• Una nueva sociedad, ¿cuál de estos dos tipos de acción deberá cultivar?

Para el intercambio de información se puede sugerir hacer "sub-plenarios" de esta manera: pedir que se formen nuevos grupos de tal manera que en cada grupo participe un representante de los anteriores; cada representante dará cuenta de la reflexión hecha en su grupo.

Tercer paso

Estos nuevos grupos u otros, si se prefiere, recibirán papel, marcadores y alguna cantidad de láminas (periódicos, revistas) para elaborar una cartelera por grupo; en ella tratarán de expresar alguno de los dos tipos de acción que hemos conocido, según su creatividad. Presentarán estas carteleras en plenario haciendo una evaluación de cada una y, al final, una síntesis de la reflexión conjunta.

IV. Sugerencias

• Conviene mucho que el coordinador subraye con énfasis la importancia del trabajo de equipo o acción cooperativa; conviene igualmente hacer aplicaciones prácticas a los ambientes naturales: familia —colegio —grupo de amigos —equipos de deporte —obras sociales —grandes empresas.

Anexo

Comparación entre acción cooperativa y competitiva

SITUACION	ACCION COOPERATIVA	ACCION COMPETITIVA
1. Conflicto.	Gana-gana.	Pierde-pierde, gana-pierde.
2. Comunicación.	Abierta y honesta.	Se retiene información.
3. Percepción.	Tiende a centrarse en las semejanzas e intereses comunes.	Se centra en las diferencias y en las amenazas.
	Se minimizan las diferencias.	Se minimizan las semejanzas.
	Se percibe la conducta de los otros como bien intencionada.	Se percibe la conducta de los otros como mal intencionada.
4. Actitudes entre personas.	De mutua confianza y con disposición a correr riesgos.	De mutua sospecha.
5. Orientación hacia la tarea.	Se tiende a definir intereses en conflicto como problemas mutuos que requieren solución y colaboración.	Tiende a definir intereses en conflicto como insolubles.
	Reconocen la legitimidad del punto de vista de cada uno.	Minimizan la legitimidad del punto de vista del otro.
	Limitan el tamaño del conflicto.	Agrandan el tamaño del conflicto, aumentando por tanto las implicaciones emocionales y la presión para vencer el otro.
	Limitan los intentos de persuasión y otros medios ilegítimos de solucionar conflictos.	Usan intentos de influencia como la amenaza, la coerción, la represión y otros medios ilegítimos de solucionar los conflictos.

IV
La persona de Cristo

21. Cristo en el arte

I. Objetivo: Conocer la imagen de Cristo que los hombres han tenido de El en los siglos y en las diversas culturas.

II. Recursos: Pequeña o grande colección de imágenes de Cristo, tomadas de alguna historia del arte; postales o copia de las imágenes del anexo; texto del Nuevo Testamento; copias de las preguntas para el diálogo grupal; cantos alusivos al tema; sala ambientada con motivos referentes al ejercicio.

III. Método: Tres pasos.

Primer paso

Los cantos y alguna oración pueden preparar el ambiente para iniciar este ejercicio. El coordinador invitará a formar varios grupos; cada grupo se proveerá de un ejemplar del Nuevo Testamento para leer y comentar: Mt 16, 13-18.

El comentario puede basarse sobre estas preguntas:

• ¿Cómo se imagina a Cristo cada uno de nosotros?

• De las imágenes que ha conocido o visto, ¿cuál es la que más le ha impresionado, y por qué?

- ¿Cuáles son en nuestro ambiente latinoamericano las imágenes de Cristo que más abundan? ¿Cuáles las más escasas? ¿A qué atribuyen este hecho? (Cf. *Puebla*, nn. 170 -179).

El coordinador elegirá un método para hacer el plenario y así intercambiar la información.

Segundo paso

El coordinador distribuirá entre los grupos que han realizado el anterior plenario, copia de las imágenes elegidas, o de los anexos y les encomendará la siguiente tarea: cada grupo recibirá copia de las seis imágenes del anexo; buscará tres detalles significativos de cada imagen y un "pie de fotografía" (frase breve que condense el mensaje de la imagen) para colocarle.

N.B. El coordinador advertirá a los participantes en este ejercicio que cada una de las seis imágenes corresponden a épocas distintas y a autores diferentes.

Sólo una pregunta para todos los grupos: ¿encuentra el grupo una evolución de la imagen de Cristo desde la primera imagen hasta la última? ¿Se podrá deducir de la imagen el tipo de idea que en cada época los artistas han tenido de Cristo? ¿Cuál idea sería esa?

En plenario presentará cada grupo el análisis hecho de las imágenes.

Tercer paso

Lectura en pequeños grupos del anexo titulado "Jesús a través de la pintura". Podrá el coordinador, o alguien a quien haya señalado anteriormente, presentar algún breve estudio de la persona de Cristo en un determinado pintor, o en una determinada época.

A continuación entablar un diálogo sobre estas preguntas:

- ¿Los jóvenes (o los adultos) cómo quieren encontrar a Cristo en la pintura hoy? ¿Por qué así?

- ¿Han visto Uds. una imagen sonriente de Cristo? ¿Cómo lo suelen ver en imágenes (esculturas) y en la pintura?

• ¿Por qué abundarán las imágenes de la Pasión de Cristo, y por qué son tan escasas las imágenes del Resucitado, por ejemplo, de la Ascensión, etc.?

• ¿Consideran importante que los artistas nos presenten imágenes de Cristo triunfante? ¿Qué influjo podrá tener en la mentalidad y en el ambiente imágenes de este tipo? ¿Por qué?

Un gran plenario convendrá realizar al final de este ejercicio. Los cantos alusivos a la persona de Cristo harán un buen papel en este momento.

IV. Sugerencias

• Dentro del plenario final será oportuno suscitar un foro más amplio: no sólo lo que la pintura nos dice de Cristo, sino también el cine, la escultura, la literatura (poesía, novela, historia, etc.).

• Promover un concurso de canto o poesía sobre la persona de Cristo.

• Recordar artistas célebres que se inmortalizaron con obras sobre la persona de Jesús (cantantes, pintores, directores de cine, etc.).

• En la literatura de nuestro país, ¿qué obras sobre la persona de Cristo conocemos?

Anexo

Jesús a través de la pintura

Este fenómeno, tan bien descrito por Mauriac, ha durado nada menos que 20 siglos.

A través de miles de años, los pintores de todas las épocas nos han ofrecido su mejor imagen de Jesús. Esta es más bella, más rica y más viva de acuerdo a la riqueza interior del autor. Es el caso de los cuadros de Rembrandt, El Greco, Giotto, Leonardo y Angélico, entre otros, quienes con sus pinceles crearon Jesucristos de extraordinaria belleza que van más allá de las obras corrientes de los artistas de pintura religiosa. Es más, tal parece que al evocar su imagen divina, los artistas participaran en ella con mayor intimidad.

Todo esto lo captaron muy bien los monjes ortodoxos, quienes a lo largo de sus vidas se dedicaron a pintar iconos donde sale

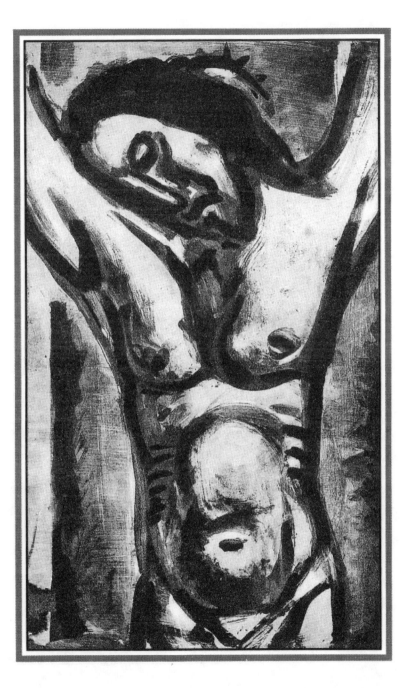

triunfante el rostro de Jesús: las mejores imágenes dejan adivinar, bajo esa característica de rigidez, un prodigioso estremecimiento de vida y de amor... Es que la pintura puede ser un ejercicio espiritual como la oración.

A través de los siglos, pues, la imagen de Cristo desfila como la representación de cada época.

Los primeros cristianos, que no lograban deshacerse de toda su herencia cultural artística, lo representaron en los muros de las catacumbas con todos los rasgos del dios Apolo o de Adonis. En el siglo IV el emperador Constantino resuelve convertirse al cristianismo y como por arte de magia Jesús sale de las catacumbas e irradia soberanamente en la cúpula de las iglesias y las tumbas. Es entonces la época de un Jesús cuya actitud y rostro reflejan toda la nobleza que ha adquirido: es ya un Jesús en toda su majestad. La influencia bizantina viene a insistir en esta modalidad y a partir de entonces es el amo y señor, soberano del mundo, que los artistas pintan extraordinario y benévolo, pero distante y temible a la vez.

La Edad Media va a humanizar un tanto esta representación del Hijo de Dios; a los estrictísimos iconos sobrecargados de pedrerías sucederá una representación más sencilla e incluso muchas veces simple. El Cristo gigantesco del baptisterio de Florencia, pintado por Cimabue, aún muy influido por el arte bizantino, está suavizado con una expresión de profunda dulzura.

Luego surge Angélico y con él un arte sin comparación a todo cuanto existía con anterioridad, "un arte más allá del tiempo, que expresa las revelaciones dispensadas a un santo". En efecto, su Cristo, conmovedor por su gracia infinita y su amor, traduce de modo incomparable y, perfecto, el doble carácter humano-divino de Jesús.

Mientras los alemanes sólo ven a un Cristo que sufre, los flamencos, con Van Eyck y Van der Weyden, tratan de penetrar dentro del personaje, lo animan, le dan relieve a través de la búsqueda del detalle y la combinación de colores. Por su parte los franceses, como Fouquet, acentúan la verdad psicológica en retratos realmente interiorizados y en los cuales un Cristo lleno de vida nos mira fijamente.

Con el Renacimiento Jesús se torna un señor muy joven y apuesto, elegante y refinado, pero con frecuencia desabrido y anónimo. Leonardo da Vinci fue de los pocos artistas de la época capaz de pintar un Jesús de fascinante rostro, fatigado y casi

81

agonizante pero profundamente rico en vida interior. También en Toledo el místico Greco usó formas extrañas y alargadas, colores sorprendentes para dejar a la posteridad varios Cristos que se cuentan entre los mejores del mundo. Comparables solamente con los que creó, en el otro extremo de Europa, el loco de los juegos de luz, el incomparable Rembrandt.

En el siglo XVIII el académico esteriliza la pintura religiosa y solamente hay una afortunada excepción para Cristo: la de Felipe de Champaigne, quien evoca con emoción y vigor *El Rostro del Crucificado*.

Es necesario después esperar el siglo XX para encontrar, con Rouault, una auténtica creación, conmovedora y trágica, del *Divino Rostro*.

Es curioso pero todos estos importantes cuadros, fruto de la imaginación de sus autores, tan alejados entre sí por el tiempo y el espacio, tienen sin embargo puntos en los cuales coinciden. Mauriac ya lo había advertido y había respondido a este enigma ¡con otro enigma! El de un modelo único: el Ecce Homo o "Divino Rostro", de esa famosísima reliquia llegada del Oriente con las Cruzadas en el siglo XIV. ¿Realmente aquel lienzo envolvió a Jesucristo muerto? Son muchas y diversas las opiniones al respecto y no es asunto que aquí concierna.

Pero lo extraño, como afirma Mauriac, es que por una misteriosa filiación, casi todos los cuadros de todas las épocas tienen algo en común con el dibujo del Ecce Homo. Es, sin lugar a dudas, el tipo humano sobre el cual todo el mundo coincide y que nos viene en mente cuando afirmamos acerca de alguien que "parece un Cristo".

22. Descubrir, seguir y anunciar a Cristo

I. Objetivo: Motivar a los jóvenes para el apostolado cristiano a partir de la persona de Cristo, como fuente y razón del anuncio.

II. Recursos: Documentos del Vaticano II (Const. sobre la S. Liturgia), Documento de Puebla, ejemplar del Evangelio; sala ambientada con motivos de la persona de Cristo; copia de los anexos y de las preguntas para el foro grupal; cantos de ocasión.

III. Método: Tres pasos.

Primer paso

Reunidos en pequeños grupos, leen el trozo de la Constitución sobre la S. Liturgia, del Vaticano II, n. 7, y comentan según esta guía:

• ¿Cuál de estas diversas maneras de presencia le revela a Ud. mejor de Cristo? ¿Por qué?

• ¿Qué otro tipo de presencia añadiría a la lista?

• ¿Conoce la historia de cómo alguien descubrió a Cristo? Cuéntela.

• ¿Cómo descubrió Ud. a Cristo?

• ¿Quién es Cristo para Ud.?

Con la combinación de los integrantes en nuevos grupos orientará el coordinador el intercambio grupal sobre el foro anterior.

Segundo paso

El coordinador distribuirá textos del Evangelio entre los diversos grupos, los invitará a leer el texto señalado, comentarlo según las preguntas siguientes, y montarán sobre el texto un sociodrama para representar en plenario.

—Textos: Mt 9, 9-14; Jn 1, 35-43; Hch 9, 1-13; Lc 19, 1-11; Mc 1, 16-21; Mt 19, 16-23.

—Preguntas:

• ¿Qué personajes intervienen en el relato?

• ¿Cómo se comporta cada uno de los personajes?

• ¿Qué verbos aparecen en el relato? ¿Cuál creen que es el verbo central del relato?

• ¿El relato es meramente un recuento de algo pasado o es también una imagen de algo que sigue sucediendo? ¿Qué es lo que sigue sucediendo?

• ¿Quiénes son los personajes con quienes se sigue repitiendo el relato?

Tercer paso

Reunidos en plenario, el coordinador distribuirá hojas de cantos, especialmente escogidos para esta sesión; invitará a elegir un canto cada uno para pedir luego a la asamblea lo acompañe para cantarlo; y antes expresará por qué ha elegido tal canto, qué le sugiere.

El coordinador introducirá a este tercer paso haciendo una motivación sobre la tarea de anunciar a Cristo a los demás; pedirá a los presentes que expresen diversas formas de anunciar a Cristo.

Este tercer paso hecho a base de la entonación de cantos a petición de los asistentes se propone suscitar entusiasmo especial por la Persona de Cristo, y subrayar una forma moderna de anunciarlo: la canción mensaje.

IV. Sugerencias

• Ofrecer material de lectura sobre la persona de Jesucristo.

• Facilitar que los participantes puedan llevarse las hojas de canto como medio para promover el canto y la reflexión personal.

• Obsequiar una estampa de Jesús con una frase mensaje.

• Dar oportunidad de expresar en público un testimonio personal de la experiencia de alguno de los presentes con la persona de Cristo.

• Invitar a un rato de oración grupal.

Anexo

"Para realizar una obra tan grande, Cristo está siempre presente en su Iglesia, sobre todo en la acción litúrgica. Está presente en el sacrificio de la misa, sea en la persona del ministro, ofreciéndose ahora por ministerio de los sacerdotes el mismo que entonces se ofreció en la Cruz, sea sobre todo bajo las especies eucarísticas. Está presente con su virtud en los sacramentos, de modo que cuando alguien bautiza, es Cristo quien bautiza. Está presente en su Palabra, pues cuando se lee en la iglesia la S. Escritura, es El quien habla. Está presente, por último, cuando la Iglesia suplica y canta con salmos, El mismo prometió que: 'donde están dos o tres congregados en mi nombre, allí estoy yo en medio de ellos'".

(Constitución "Sacrosanctum concilium", n. 7).

V
Técnicas de reflexión

23. Ser y tener

I. Objetivo: Analizar la realidad socio-económica del momento presente.

II. Recursos: Sala de reunión con ambientación adecuada (afiches-mensaje...); papel y marcadores para trabajo de grupos; banco de láminas para elaborar carteleras; material fotocopiado de la fábula "El lobo y el perro", de las frases a analizar; casete con programa del PADRE VICENTE: Tener-Ser; hojas de cantos.

III. Método: Cuatro pasos prudentemente entreverados con cantos y juegos de sala.

Primer paso

Previamente hecha la ambientación oportuna (cantos –juegos), el asesor invitará a los presentes a tomar papel y lápiz para dibujar individualmente la CABEZA DE UNA PERSONA (hombre o mujer) y representar dentro de ella con imágenes o con palabras lo que creen que hay dentro a nivel de ideas, deseos, inquietudes, etc.

Hecho este ejercicio, formarán pequeños grupos en forma espontánea, a fin de que cada grupo elabore una sola imagen de

CABEZA con las imágenes o palabras que el grupo juzgue más sugestivas entre las que cada participante presentó; fijarán estas CABEZAS en las paredes de la sala; se concederá un tiempo prudencial para que todos pasen a observar el trabajo grupal.

Segundo paso

El asesor invitará nuevamente a los anteriores grupos para que se reúnan; distribuirá entre ellos copia de las frases siguientes indicando que se trata ahora de analizar estas frases individualmente y en silencio; después de un espacio determinado de tiempo, reunidos en grupo, confrontarán el ejercicio hecho presentando cada uno a sus compañeros la posición personal frente a cada una de las frases.

Cada uno subrayará la frase que cree se ajusta mejor a su apreciación personal.

Frases a analizar:

• ¿Con base en qué criterios califica Ud. a una persona como distinguida?

• Cuando un(a) joven piensa en elegir su esposa(o), ¿qué características de la persona amada tiene más en cuenta?

• Haga una lista de APELLIDOS que Ud. considera como apellidos de alcurnia, nobles, y apellidos que considera modestos, o de baja categoría. ¿Con base en qué criterios hace la lista?

• ¿Quién cree Ud. que beneficia más a la sociedad: el que da cantidades de dinero para obras sociales, o quien se entrega él mismo totalmente a tales obras? ¿Por qué?

• ¿A quién juzga Ud. como persona mejor realizada en la vida: a quien ha podido disfrutar de placeres, ha colmado sus deseos personales, ha alcanzado una alta posición social, o a quien ha puesto sus aptitudes personales, sus habilidades al servicio de otros, sabe compartir y piensa primero en el otro antes que en su propio yo?

N.B. Al realizar el trabajo grupal de este segundo paso, escribirán en papel la opción hecha en estas frases; colocarán estas frases junto a las imágenes de las CABEZAS, del primer paso.

Tercer paso

El asesor entregará a cada grupo esta vez integrados por nuevos elementos— copia de la fábula EL LOBO Y EL PERRO. El grupo leerá la fábula y hará un comentario en torno a ella, siguiendo estas pistas:

• ¿Hay alguna relación entre los ejercicios anteriormente hechos: las cabezas, las frases, la fábula? ¿Cuál relación?

• ¿Encuentra el grupo algunos VERBOS centrales en el curso de los tres ejercicios? ¿Cuáles verbos? ¿Podrá el grupo hacer una lluvia de verbos y luego por eliminación llegar a presentar solamente dos (Ser-Tener)?

• En nuestra sociedad, ¿qué personas tipifican la preocupación de TENER?, ¿quiénes tipifican la preocupación de SER?, ¿por qué?

• ¿A cuál de los dos verbos da el grupo la preferencia?, ¿por qué?

• ¿Qué consecuencias se atreve el grupo a presentar de dos sociedades donde prevalezca en una el tener, y en la otra el ser? Será conveniente que las escriba el grupo en papel para colocarlas junto a las anteriores láminas en la pared de la sala de trabajo.

Cuarto paso

El asesor encomendará a uno y otro grupo montar la representación de sociodramas sobre la idea central de SER o TENER, a partir de hechos concretos de la sociedad; harán la representación en plenario y de cada uno de los sociodramas harán algún comentario; ojalá el comentario se oriente a reflexiones personales sobre el tema estudiado en esta dinámica.

IV. Sugerencias

• Uno u otro de los pasos señalados podrá reemplazarse por la audición (de ser posible) del casete del programa del PADRE VICENTE: "Tener-Ser".

• La canción "Oropel" ofrece un tema que enriquece la presente dinámica.

• Si el grupo desea dar el salto catequético podrá terminar este ejercicio con reflexión sobre el Evangelio. Mi libro *Evangelio y Dinámicas*, Edic. Paulinas, Bogotá, 1982, pp. 29, 39, 45, le ofrece material oportuno.

Anexo

Fábula del lobo y el perro

Un lobo flaco y hambriento encontró en un camino a un perro que estaba gordo y bien cuidado.

—"Dime, le dijo, ¿en qué consiste que siendo yo más fuerte y valiente que tú, no encuentro qué comer y casi me muero de hambre?".

—"Consiste, contestó el perro, en que sirvo a un amo que me cuida mucho, me da pan sin pedírselo, me guarda los huesos y mendrugos que sobran de las comidas, y no tengo más obligación que custodiar la casa".

—"Mucha felicidad es ésta", contestó el lobo envidiándole su suerte.

—"Pues mira, replicó el perro, si tú quieres, puedes disfrutar del mismo destino, viniendo a servir a mi amo y defendiendo la casa de ladrones por la noche".

—"Convengo en ello, dijo el lobo, porque más cuenta me tiene vivir bajo techado y hartarme de comida sin tener nada que hacer, que no andar por las selvas con lluvias y nieves. Pero oye, —añadió mientras iban andando— reparo en que llevas pelado el cuello, ¿en qué consiste esto?".

—"No es nada, repuso el perro, sólo para que no salga de casa en el día me atan con una cadena, para que de noche esté velando y entonces ando por donde se me antoja".

—"Bien, dijo el lobo; pero si quieres salir de casa, ¿te dan licencia?".

—"Eso no", respondió el perro.

—"Pues si no eres libre, replicó el lobo, disfruta enhorabuena de esos bienes que tanto ponderas, que yo no los quiero, si para disfrutarlos he de sacrificar mi libertad".

El pobre libre es más feliz que el rico esclavo, porque la libertad es tan estimable como la vida, y vale más que todas las riquezas del mundo.

24. El mito de Prometeo encadenado

I. Objetivo: Conocer la tarea de los líderes, su suerte, y la necesidad que la presente sociedad tiene de ellos.

II. Recursos: Copia del texto del mito según el anexo; copia de las preguntas para el trabajo individual o de grupo; juegos y cantos de ambientación; ambientación de la sala con motivos alusivos a liderazgo y liberación.

III. Método: Tres pasos.

Primer paso

Si es posible que cada participante disponga de una copia del mito, se le entregará junto con copia de las preguntas para la reflexión individual; de no ser factible, se dará copia del mito a diversos grupos para leer el texto, y luego individualmente responderán a las preguntas siguientes:

• Sintetice en pocas líneas el relato del mito de Prometeo encadenado.

• ¿Cuáles son los personajes que intervienen en el mito y cuál es el papel de cada uno? ¿Cómo califica la actitud de cada uno de ellos?

• ¿Tiene el mito alguna semejanza con ciertas acciones históricas, sociales de nuestro pueblo? ¿Cuál o cuáles?

• ¿La figura de Prometeo la ve Ud. reproducida en algunos personajes de nuestro tiempo y de nuestra sociedad? Señale ejemplos y destaque las semejanzas de éstos con el personaje del mito.

• ¿La figura de Prometeo se repite con frecuencia o no? ¿Por qué?

Segundo paso

Reunidos en pequeños grupos, cada grupo intentará montar un sociodrama, que tomando circunstancias del pueblo y de la época, reproduzca el mensaje del mito. Representarán en plenario estos sociodramas, los evaluarán y comentarán sobre su mensaje.

Tercer paso

Unos nuevos grupos, distintos de los del paso anterior, dialogarán sobre lo que es la figura de un líder en un grupo, pueblo o sociedad; para esto, las preguntas siguientes les servirán de pauta:

- ¿A quién llaman Uds. "líder"?

- ¿Qué cualidades le exigen a un líder? ¿Por qué esas cualidades?

- ¿Qué relaciones hay entre un grupo y su líder?

- Indique los líderes más sobresalientes que el grupo conoce; ¿por qué los reconoce como líderes y en qué campo se han realizado como tales?

- ¿En su ambiente (de colegio, barrio, ciudad, país, barra de jóvenes) a quiénes aceptan como líderes? ¿A quiénes quieren Uds. invitar a desarrollar sus capacidades y aptitudes de liderazgo?

En plenario expondrá cada grupo la reflexión hecha.

IV. Sugerencias

- Realizar alguna dinámica para detectar líderes entre los presentes.

Anexo

Mito: "Prometeo encadenado"

En los primeros tiempos del mundo, cuando Júpiter había destronado al feroz Saturno y se había convertido en el dominador del universo, los Titanes se habían rebelado contra el poder del joven rey.

Uno solo de ellos, Prometeo, no había tomado parte en la rebelión; y no por amor hacia el nuevo rey, sino porque tenía la facultad de adivinar el futuro y el presente y sabía, por tanto, que era inútil oponerse, con una rebelión, a las fuerzas ineludibles del destino.

Así pues, Prometeo, como su mismo nombre indicaba, era vidente y sabio, y sus ojos enérgicos, brillantes, escrutadores revelaban su poder adivino e infalible; su frente alta, su boca bondadosa, casi infantil, su cuerpo enorme, le conferían el aspecto de un bondadoso gigante de fuerza inmensa acostumbrado a dominar los elementos.

Prometeo amaba a los hombres. El hombre entonces, estaba mísero; no tenía armas, ni trajes; vivía salvaje en los bosques, alimentándose únicamente de animales crudos y de fruta; para vestirse se cubría con las hojas de los árboles y no tenía para defenderse de las fieras, sino piedras o ramas nudosas.

Se resguardaba de las heladas y del sol en profundas cavernas bajas, en las que se introducía por las noches, como un reptil sinuoso.

Y si, cuando el sol se ponía, no aparecía la luna para iluminar las largas noches, unas tinieblas impenetrables devoraban el universo. Los hombres eran, entonces, semejantes a míseros ciegos, temblorosos, indefensos, en un mundo sin luz, poblado de pavorosos rugidos y de los ojos relampagueantes, fosforescentes de las fieras.

Prometeo, el gigante bondadoso de ojos resplandecientes, no pudo soportar mucho tiempo el espectáculo de aquella humanidad dispersa y miserable.

—Quiero ayudar a los hombres —dijo—. Quiero que su vida sea menos salvaje; que aprendan a defenderse de los tigres y de los jabalíes; que cultiven la tierra; que trabajen los metales; que se nutran de los alimentos calientes y condimentados y no de restos crudos de los animales sacrificados. ¡Quiero dar al hombre el fuego!

Sabía, en su clarividencia, que esto era contrario a los deseos de Júpiter; sabía que un don semejante hecho a los hombres sería su propia ruina; pero Prometeo era generoso y estaba decidido a desafiar la ira del Numen Omnipotente, con tal de hacer un bien a los míseros mortales.

Subió, pues, una noche a la montaña radiante, donde los dioses celebraban sus banquetes, rodeados por las llamas purpúreas del fuego divino.

Y penetró en las fraguas resonantes del Vulcano, que, con su coraza de bronce tocada por las llamas, forjaba incansablemente armas para los héroes y joyas para las diosas del Olimpo.

—He venido a traerte este cántaro de vino de Etna —dijo Prometeo, sentándose junto al fuego—. ¡Bebe, pues, oh, Vulcano! Este vino te dará mucha más fuerza que tu néctar. ¡Bebe!

Vulcano aceptó la oferta de buen grado y de un solo trago hizo bajar por su garganta —abrasada por aquel calor de infierno—, el rojo licor del Etna. Pero, al poco rato, su cabeza se inclinaba pesada y sus ojos se cerraban, presa de sueño. El astuto Prometeo había mezclado al vino con mucho jugo de rojas amapolas. El fuego divino estaba allí, sin custodia, y Prometeo aprisionó algunas de sus chispeantes semillas en el bastón hueco que le había dado el mismo Vulcano. Y salió corriendo, dejándose caer por los despeñaderos del Olimpo, abajo, hacia la tierra desolada.

La noche, en tanto, había bajado, invadiendo con sus olas de tinieblas el corazón de los hombres y el bastón de Prometeo resplandecía en la oscuridad como un astro desprendido del firmamento.

—¡Os traigo el fuego! —gritó el gigante a los hombres que le esperaban—. ¡Os traigo la vida, la civilización, la alegría!

Y amontonando ramas secas, y echando encima las brasas ardientes robadas a Vulcano, Prometeo encendió una enorme pira cuyas llamas ascendieron hasta el cielo, mientras los gritos felices de los hombres conmovían todo el universo y llegaban hasta el Olimpo.

Júpiter oyó aquellos gritos de victoria y frunciendo el ceño, ordenó, irritado: —El temerario que ha dado a los hombres el fuego, debe ser castigado—.

Y ordenó a Vulcano que preparara él mismo enormes cadenas y anillos de bronce con qué encadenar a Prometeo a una roca.

Los hombres, en tanto, por obra del generoso titán aprendían a calentarse, a cocer la carne, a forjarse armas, a construir las casas donde refugiarse por la noche, a fabricar naves para surcar sin peligro los mares infinitos.

Y se sintieron tan felices con todos estos dones, ebrios de dicha por la conquistada victoria, que creyeron haber llegado a ser semejantes a los dioses. Esto aumentó más el furor de Júpiter; y Vulcano, aún en contra de su propio deseo, pues apreciaba al titán de los ojos serenos, tuvo que apoderarse del cuerpo del gigante, por orden del dios y encadenarle a las rocas inaccesibles del monte Cáucaso.

—¡Tú lo has querido Prometeo! —le decía Vulcano mientras, ayudado por los Cíclopes, cerraba los grilletes en torno a sus muñecas—. ¿Cómo se te ha ocurrido dar a los miserables hombres la llama divina? ¿Sabes que, ahora, durante años y más años, deberás permanecer encadenado en esta roca nevada y no oirás ya ninguna voz humana y ningún rostro te consolará en esta cima salvaje? Tu cuerpo se secará al sol; tus ojos quedarán casi ciegos, deslumbrados por las nieves y azotados por los vientos, pero como has nacido inmortal, no podrás jamás cerrarlos en el descanso del sueño eterno. E inútilmente la noche, piadosa, intentará cubrirte con su manto de estrellas: tú continuarás inmóvil, despierto, sangrando sobre esta roca, sin poder jamás doblar tus rodillas doloridas en la tierra. ¿Comprendes qué desgracia es la tuya, mi pobre Prometeo?

Y, mientras Vulcano hablaba al gigante encadenado, los Cíclopes del gran ojo en medio de la frente trabajaban incansables, cerrando los grilletes e izando muy alto, sobre el abismo, el cuerpo dolorido del titán.

Pero Vulcano no había previsto en toda su crueldad el suplicio enorme que esperaba al que había traído el fuego a los hombres. Todas las mañanas, un águila bajaba de las nevadas cimas, se acercaba al cuerpo del aterrorizado e inmóvil gigante, y hundiéndole el pico curvo en el pecho, se alimentaba de su hígado sangrante.

Llegada la noche, el hígado renacía, milagrosamente, y de nuevo, al surgir el sol, el águila hambrienta saciaba su sed con la sangre del mártir gigante que devoraba su hígado.

El rostro de Prometeo se volvía blanco de dolor, de su boca surgían aullidos inhumanos e inútilmente las rosadas Ninfas intentaban hacer subir hasta él su dulcísimo canto para consolarle. El martirio era implacable.

Pero si de sus labios quemados se escapaban incontenibles lamentos de dolor, el gran corazón de Prometeo, sin embargo, estaba contento del suplicio. Su sufrimiento, había llevado a los hombres la felicidad de la prodigiosa llama. Por ello, permanecería hasta el fin de los siglos en aquella cima, serenamente.

Pasaron así treinta años en aquel martirio, hasta que Júpiter sintió piedad de aquel pobre cuerpo roído por la intemperie, de aquellos pobres ojos alucinados por las nieves, de aquel pecho desgarrado, cuya sangre regaba eternamente la roca. Y liberó al gigante, acogiéndole, inmortal, en las felices praderas de los Campos Elíseos.

25. Parábola del agua

I. Objetivo: Analizar la situación social actual en relación con la propiedad privada y sus funciones.

II. Recursos: Audiovisual de *La parábola del agua* (Sono-viso, Perú) para proyectar, o por lo menos el guión del audiovisual para leer. Anexo; banco de láminas para elaborar carteleras; copia de las preguntas para la reflexión grupal; tablero o papelógrafo; ambientación de la sala de reunión. Documentos sociales de la Iglesia...

III. Método: Tres pasos.

Primer paso

Proyección del audiovisual *La parábola del agua*, o de no ser posible, hacer la lectura del guión literario de la parábola; podrá acompañársele con la audición de fondo sonoro musical; el coordinador pedirá a los presentes que mientras escuchan la lectura vayan anotando en papel los problemas centrales que ventila la parábola; para detectar mejor estos problemas, podrá hacerse una segunda lectura de la parábola, para una mejor comprensión.

Segundo paso

Organizados en pequeños grupos harán la reflexión grupal; antes de entrar a dialogar sobre las preguntas, que vienen a continuación, leerán los datos estadísticos (anexo), muestra concreta de la parábola hecha realidad entre nosotros. Preguntas para el diálogo grupal:

• En el guión de la parábola aparecen unas personas concretas: capitalistas, un proletariado, propagandistas, economistas, unos sacerdotes (vendidos a los capitalistas), unos hombres fuertes (los militares), unos líderes o profetas. ¿Estas mismas personas aparecen en nuestra realidad social? ¿En qué forma aparecen o se manifiestan?

• En el audiovisual aparece un avance o progreso dinámico en la lucha de clases. ¿Se da también en la realidad que conocemos un avance? ¿Hacia dónde va el proceso de la sociedad? ¿Qué hechos comprueban este avance?

- ¿Cuáles son las ideas de base, los principios de fondo, que hacen evolucionar la realidad?
- ¿Qué fuerzas antagonistas están implicadas en la lucha de clases? ¿Qué intereses defiende cada bloque de fuerzas?
- ¿Conocen Uds. documentos que inspiren la posición de los líderes o profetas? ¿Qué documentos? ¿Qué enseñan?
- Finalmente, cada grupo elaborará una cartelera en la que exprese la reflexión hecha; la presentarán en el plenario con un comentario.

Tercer paso

Cada grupo presentará una síntesis de la reflexión anterior y explicarán el contenido de la cartelera; luego la fijarán en la pared.

El coordinador recapitulará todos los aportes de los varios grupos, tratando de formular unas conclusiones.

Una concretización clara de los datos estadísticos presentados es la gráfica siguiente:

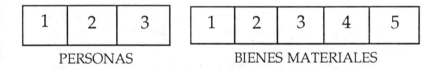

1	2	3

PERSONAS

1	2	3	4	5

BIENES MATERIALES

Dividida la población mundial en tres partes y los bienes de consumo en cinco partes, en el momento de la distribución las cosas quedan así, según la realidad presente: una tercera parte de la población dispone de las cuatro quintas partes de los bienes, mientras las dos terceras partes de la población disponen solamente de una quinta parte de los bienes.

IV. Sugerencias

- Otros audiovisuales, como "La Isla", "Caín, el antihombre", pueden ser utilizados para analizar la misma realidad.
- Si en el plenario se recogen unas cuantas expresiones usadas por la gente para defender un determinado estado de cosas, esto reflejará hasta dónde está arraigada la mentalidad capitalista en nosotros.

- Suscitar entre los presentes una actitud de reacción positiva y de compromiso para iniciar un proceso de cambio en la sociedad.

- Hacer tomar conciencia de que una actitud "revanchista", de desquite, de voltear la tortilla, no es la solución verdadera.

- Motivar para una lectura y estudio de los documentos sociales de la Iglesia; para una lectura de la declaración de los derechos humanos de la ONU.

Anexo

La parábola del agua

Había una tierra muy seca, y el pueblo que vivía allí estaba en una gran necesidad de agua.

La gente buscaba agua desde la mañanita hasta la noche y muchos murieron por no encontrarla.

Entre los hombres de ese pueblo, habían algunos más ricos que los demás, y éstos incluso habían almacenado agua, mientras que los otros se morían de sed. Estos hombres vivos se llamaban capitalistas.

Cuando el pueblo se dio cuenta de que ellos tenían agua, fueron a los capitalistas y les pedían que se les diera porque su necesidad era muy grande.

Pero los capitalistas les dijeron: "¡Váyanse de aquí, estúpidos! Si nosotros les damos agua, caeremos en la misma situación que ustedes y nos moriremos también... pero, vamos a ver... les ofrecemos esta posibilidad: si ustedes se hacen nuestros servidores tendrán agua".

El pueblo estaba tan sediento que aceptó. Y así fue.

Entonces los capitalistas comenzaron a organizar el pueblo mandando a cada uno a diferentes tareas: porque el pueblo ya era su siervo.

Algunos fueron a trabajar en el arreglo del reservorio (que se llamaba el mercado); a otros los emplearon en transportar el agua, y a otros los mandaron a buscar nuevas fuentes de agua.

Al pueblo que trabajaba para los capitalistas le llamaron proletariado, quizá porque tenían muchos hijos o prole. De todas maneras, los del pueblo eran muchos, pero pobres; los capitalistas eran pocos y ricos.

Entonces los capitalistas dijeron al proletariado: "Así trabajaremos: por cada balde de agua que nos traigan al reservorio, les daremos un sol".

Después del día de trabajo, cuando la gente quería llevar agua del reservorio a su casa, les decían: "Por cada balde de agua que compran, nos pagarán dos soles. La diferencia de precio será nuestro beneficio. Si no fuera por este beneficio, no haríamos nada por ustedes, y todos perecerían".

Así fue pues. El pueblo no entendía, así es que le pareció bien. Cada día traían baldes con agua a su casa, pagando dos soles por cada balde.

Después de muchos días, el depósito de agua se llenó y rebosó porque los obreros eran muchos y el pueblo sólo tenía dinero para comprar la mitad del agua que traía.

Cuando los capitalistas vieron que el agua se derramaba dijeron al pueblo: "No traigan agua, más bien cómprenla. ¿No ven que se está derramando?". Pero el pueblo no tenía dinero para comprar, y los capitalistas ya no tenían beneficios, porque nadie les compraba agua.

Llamaron a los expertos para hacer propaganda, pero como el pueblo no tenía plata, la propaganda era inútil.

Entonces los capitalistas llamaron a los economistas, pero éstos dijeron: "Es el exceso del producto". Y no había remedio: era una crisis económica. El pueblo vivía con sed, y todo a causa de la superabundancia.

Pero cuando los economistas hablaron, el pueblo decía: "La escasez, ¿cómo va a venir la abundancia?". Y tomó piedras para apedrearlos.

Después, los capitalistas llamaron a unos falsos sacerdotes para calmar al pueblo, diciendo: "Tengan paciencia que en el cielo no será así...".

Habían otros que, viendo que el agua se perdía de todas maneras porque el reservorio rebosaba, metieron sus dedos en el agua que se derramaba, y echaron unas gotas de agua sobre el pueblo. Las gotas se llamaban CARIDAD.

Pero el pueblo no se calmaba, y los capitalistas tenían miedo que se les echaran encima. Entonces los capitalistas llamaron a algunos hombres que eran muy fuertes y muy poderosos "los guapos" y les ofrecieron agua en abundancia si aceptaban defenderlos contra el pueblo. Los guapos aceptaron, recibieron muchas armas y así mantenían al pueblo dominado.

Mientras tanto, los capitalistas hacían piscinas para nadar, lagunas para los peces especiales y para pasearse en barcos, cualquier lujo para gastar el agua que les sobraba. Con estos lujos, esperaban acabar el agua del reservorio y así poner al pueblo nuevamente a trabajar y sacarle más beneficios.

En este tiempo, surgieron en el pueblo unos hombres que vieron la realidad tal como era y hablaron la verdad.

A éstos algunos los llamaban "profetas", pero los capitalistas les llamaron "agitadores" o comunistas.

Las palabras de los "agitadores" eran: "Pueblo dormido, ¿hasta cuándo van a ser engañados por una mentira? Lo único que los capitalistas han hecho ha sido organizarlos a ustedes dividiendo las tareas y mandándoles a hacerlas.

¡Ustedes podrían organizarse a sí mismos! ¿Por qué trabajar para ellos? ¡Organícense! Pueden escoger a algunos que son más capaces para dirigir cada tarea, pero háganles saber que son sirvientes del pueblo y no son sus capataces.

Si alguno no trabaja para el bien de todos, habrá que quitarle el puesto, y darlo a otro más comunitario. Y todo el fruto del trabajo será para sus necesidades (enfermos, ancianos, etc.)".

Cuando los capitalistas y sus amigos los propagandistas, economistas, falsos sacerdotes y "fuerzas del orden" escucharon esto y que al pueblo le parecía bien, tuvieron miedo. Sus rodillas temblaron, golpeándose una contra otra, y dijeron: "¡Este es nuestro fin!".

Pero los profetas y algunos sacerdotes (verdaderos) del Dios vivo que habían tenido compasión del pueblo, se alegraron con gran gozo y dieron gracias a Dios por aquella liberación.

Y sucedió que...

El pueblo fue y puso en práctica todas las cosas que los agitadores habían anunciado, y ya nadie tuvo sed en esa tierra, ni hambre, ni andaba desnudo, ni tenía necesidad. Cada uno le llamaba al otro "hermano" y vivían juntos en unidad. Y la bendición de Dios descendió sobre esa tierra para siempre.

Pero...

Entonces los capitalistas se pusieron de acuerdo con las fuerzas del orden y dispusieron de nuevos hombres y de nuevas armas para intimidar al pueblo. Tomaron presos a los principales profetas y sacerdotes, y forzaron al pueblo a callar, para trabajar de nuevo como antes.

Ya no era como antes... la dominación era aplastante, pero el pueblo ya no dormía y tomaba conciencia cada vez más de su explotación.

Anexo

Estadísticas

1. El problema "tierra"

Según el Directorio Nal. de Exportaciones Agropecuarias, Colombia tiene una extensión total de tierras equivalente a 113'835.000 hectáreas de las cuales sólo un 24% (27.337.827 hectáreas) tiene utilización agropecuaria.

Sólo 1'209.672 familias son propietarias de tierras, quedando así más de las dos terceras partes de la población sin propiedad alguna de tierra.

Y entre estas 1'209.672 familias, hay una tremenda desigualdad: 3.6% de los propietarios son dueños del 64% de la extensión de la tierra; 96.4% de los propietarios son dueños del 36% de la extensión de la tierra.

2. El problema "educación"

En Colombia 7'687.000 personas no saben leer ni escribir, o sea, el 30% de la población.

Aproximadamente unos 5'006.000 campesinos son analfabetas, o sea, el 50.4% de los campesinos.

De cada 1.000 niños colombianos, sólo 770 inician primaria, y de éstos, sólo 276 la terminan; 119 inician su bachillerato, pero sólo 37 lo terminan; 25 inician la universidad, pero sólo 11 la terminan.

3. El problema "empleo"

El mundo obrero en Colombia está constituido por 1'500.000 obreros asalariados; por 1'000.000 de funcionarios y empleados;

por 1'100.000 campesinos asalariados y jornaleros. Si a éstos añadimos los 350.000 artesanos, los 1'200.000 campesinos que cultivan pequeñas parcelas y los 200.000 campesinos que arriendan un pedazo de tierra, más de 1 millón de desempleados, llegamos a un total de casi 6'500.000 personas, o sea con su familia una masa de 20 millones de personas.

De 6'378.000 de colombianos en posibilidad de trabajar hay 886.000 desempleados.

Cada año hay 220.000 nuevas personas que piden empleo, y las empresas industriales sólo absorben unos 20 ó 30 mil.

4. El problema "vivienda"

En 1975 Colombia necesitaba con urgencia 750.000 viviendas urbanas; a este déficit se debe añadir el incremento promedio de más de 53.000 viviendas por año.

En Bogotá hay más de 230 barrios de características subnormales que carecen de los servicios básicos; en ellos habita el 55% de la población total de la ciudad.

5. El problema "propiedad industrial"

Una sola familia posee más del 20% de las acciones de Bavaria, y menos de 50 personas poseen más del 90% de la industria azucarera.

El 60% del sector manufacturero es propiedad de menos de 1.000 personas.

El 40% de la población recibe un ingreso inferior a los $500.oo mensuales, mientras el 0.81% recibe un ingreso superior a los $10.000 mensuales.

26. La libertad

I. Objetivo: Reflexionar sobre el ansia de libertad del joven moderno; descubrir que la libertad no es omnímoda.

II. Recursos: Sala, sillas, y ambientación a tono con el tema a estudiar; copia del texto del "concordar-discordar" y de la parábola de la libertad (anexos); copia de las preguntas para el diálogo de grupos; cantos y juegos.

III. Método: Tres pasos.

Primer paso

Reunidos en pequeños grupos, o si hay copias de la parábola "La libertad" para todos, entonces individualmente, leerán esta parábola y la comentarán con base en estas preguntas:

- ¿Quiénes son los protagonistas de esta historia?
- ¿Cómo actúa cada uno de ellos?
- ¿Cómo entendía la libertad el Sr. Sinforiano?
- ¿Están Uds. de acuerdo con la forma como procede el Sr. Sinforiano? ¿Por qué?
- ¿Pueden Uds. dar una definición de lo que es la libertad? Inténtenlo.

Segundo paso

Esta vez, cada uno, recibirá copia del texto del "concordar-discordar": analizará las frases y las calificará de verdaderas (V), falsas (F), modificables (M) y cómo las modificaría.

Este segundo paso tendrá las tres etapas: individual grupal y plenario para unificar criterios y conceptos respecto del tema "la libertad".

N.B. El coordinador estudiará previamente el texto del "concordar-discordar" para formar su propia opinión respecto de las diversas frases sometidas a examen, y así aportar su iluminación en el plenario.

Tercer paso

Cada grupo montará un sociodrama en el que exprese, unos, cómo usar debidamente de la libertad, otros, cómo se abusa de la libertad.

Presentarán en plenario estos sociodramas y harán de cada uno de ellos un comentario.

IV. Sugerencias

- Ojalá los cantos hagan alusión al tema; v.gr. Libres, Nino Bravo. *Llegará la libertad...*

- La ambientación de la sala puede hacerse con frases de autores célebres sobre la libertad.
- Podrá cerrarse la dinámica con la lectura del trozo: "Cristo, un hombre libre", tomado de Juan Arias. *La Ultima Dimensión*. Edic. Sígueme, Salamanca, 1974, p. 60.
- Un panel o una mesa redonda sobre el tema.

Anexo

La libertad

Lucio era un buen hombre solterón que vivía en el segundo piso de una modesta casa de un barrio. Trabajaba en un turno de noche y se acostaba a las seis de la mañana. Los domingos y días de fiesta los dedicaba a su afición favorita: la pesca.

Sinforiano Corchea era otro personaje de esta historia. Trabajaba en un teatro y se acostaba a las doce para levantarse puntualmente a las ocho y media. Vivía en el primer piso.

Todo ello no tendría importancia si no fuera por que el señor Corchea era un músico frustrado cuyo apego a la trompeta se había convertido en una obsesión y no perdía un instante que no fuera tocar su trompeta hasta que sus pulmones no daban más.

De nueve a doce, puntualmente, ensayaba con gran estridencia sus creaciones o interpretaba y "ejecutaba" ruidosas marchas marciales.

El pobre Lucio salía de los brazos de Morfeo para caer en los de Némesis, la diosa de la venganza, pero resultaba que Sinforiano era fornido y de mal genio y no quería exponerse a la dialéctica de sus puños.

Pasaron unos días tristes para el pobre Lucio, porque se sentía mal, se dormía en su trabajo nocturno hasta que revestido de valor y con muy buenos modales bajó y fue a visitar a su vecino. Con mucha delicadeza le expuso su problema y le rogó que cambiara sus ensayos a las horas de la tarde y así nadie saldría perjudicado con su arte favorito.

—Lamento mucho no poderle complacer querido vecino— le respondió, porque resulta que soy un ciudadano libre, vivo en mi casa y puedo hacer en ella todo lo que me da la gana sin que nadie tenga derecho a meterse en mi vida privada. Tengo los mismos derechos que usted en su hogar. ¡Para esto tenemos libertad, hombre!

Y sin contemplaciones lo despidió de su casa.

El buen Lucio regresó a su pieza desconsolado pensando si sería del caso cambiar su domicilio, pero era difícil hallar otro más cercano a su fábrica, además, era un barrio tranquilo salvo su problemático vecino.

Mientras rumiaba cómo hacerle entender al terco trompetista que la libertad de uno termina donde comienza la del otro, se le ocurrió organizar un espectáculo que lo convenciera.

En efecto, desde temprano soltó la canilla del agua y empezó al mismo tiempo a echar baldes por toda la casa. Muy pronto parecía un lago. Al mismo tiempo puso una silla sobre la mesa del comedor, dejó entornada la puerta, se sentó armado de sus útiles de pescador y echó el anzuelo al agua.

No había pasado media hora cuando subió el vecino hecho un basilisco, empujó la puerta y entró lanzando imprecaciones de grueso calibre al pacífico pescador que parecía absorto en su labor.

Después de otras andanadas de improperios e insultos le increpó:

—Me está inundando la casa, todo el techo está chorreando agua y se me echarán a perder los muebles por su descuido o torpeza. Pero, ¿qué es lo que está haciendo encaramado sobre esa mesa?

—Calma, mi querido vecino. Estoy pescando aquí porque el día está malo para ir al río. Lamento mucho no poderlo complacer querido vecino, porque resulta que soy un ciudadano libre, estoy en mi casa y puedo hacer en ella lo que me venga en gana sin que nadie tenga derecho a meterse en mi vida privada. Tengo idénticos derechos que usted. Para eso se hizo la libertad. ¡Viva la libertad, mi hermano!

—Un momento, hombre. Empecemos por cerrar las canillas, bájese y vayámonos a desayunar en el café de enfrente. Yo lo invito. Hay que encontrar una fórmula. No es bueno que los vecinos estén enemistados. A lo mejor le necesitan más que a la misma familia.

Lucio y Sinforiano achicaron el agua y mientras tomaban un abundante refrigerio, hicieron un plan y se comprometieron ambos no interferir ni molestarse nunca más y acabaron siendo excelentes amigos sin dejar de ser ciudadanos libres, haciendo lo que les convenía, pero condicionados a las necesidades del otro.

Concordar—Discordar: la libertad

1. La libertad no es un don;
es un deber.   V. F. M.

2. La libertad auténtica se alcanza
siempre al precio de cierta sumisión.   V. F. M.

3. Ser libre es dejar de controlarse.   V. F. M.

4. El cristianismo predica y crea
de verdad la libertad.   V. F. M.

5. El hombre, más que un ser libre,
es un ser capaz de liberarse.   V. F. M.

6. Autoridad y libertad
nunca se encuentran.   V. F. M.

7. No existe la libertad absoluta; sólo
existe una libertad relativa.   V. F. M.

8. Libertad es autodeterminación
por el bien y la razón.   V. F. M.

27. La guerra

I. **Objetivo:** Análisis de la realidad y sensibilización social.

II. **Recursos:** Sala de reunión y ambientación adecuada para la reflexión sobre este tema; hojas fotocopiadas con datos de guerra; banco de láminas para elaborar carteleras, papel y marcadores; copia de *La oración de la paz*, de san Francisco de Asís; hojas con cantos apropiados.

III. **Método:** Cuatro pasos.

Primer paso

Previa ambientación con canto, juego, oración, motivación, el coordinador hará una breve introducción a esta dinámica; invitará a formar pequeños grupos y les señalará tiempo muy limitado para este primer paso que consistirá en una declaración de guerra por parte del Consejo de Estado del país; el Consejo de Estado es cada uno de los grupos.

El coordinador entregará a cada grupo copia de la situación que motivará la declaración o no declaración de guerra.

"Srs. Miembros del Consejo de Estado: en calidad de presidente de este consejo, he decidido reunirlos con carácter urgente para estudiar la presente situación del país frente a los atropellos del país vecino: expulsión masiva de los compatriotas nuestros que han emigrado a este país vecino, burlas a nuestra autoridad legítimamente constituida, frecuentes vuelos aéreos sobre los territorios fronterizos sin licencia previa, ultrajes a nuestros símbolos patrios por parte de gentes de esa nación e invasión armada a territorios que hemos considerado nuestros.

Nos corresponde estudiar, con la debida seriedad y responsabilidad que exigen las circunstancias y midiendo las posibles consecuencias con alcance nacional, la DECLARACION o NO-DECLARACION de GUERRA a este país hermano. Tenemos solamente cinco (5) minutos para estudiar este pronunciamiento".

Uno de los del grupo leerá este informe y hará de relator de grupo en el plenario. Conviene inculcar la seriedad para hacer el pronunciamiento del caso.

En plenario informarán sobre la decisión de cada grupo teniendo en cuenta las razones que los lleva a declarar o no la guerra.

Segundo paso

Agrupados en varios equipos de trabajo, recibirá cada uno copia de los datos de guerra; reflexionarán individualmente sobre tales datos; mientras tanto se podrá hacer escuchar música ambiental. Terminada la lectura y la reflexión silenciosa individual, cada grupo reflexionará con la colaboración de todos guiándose por estas preguntas:

De los datos leídos, ¿cuál(es) le ha impresionado más? ¿Por qué?

• ¿Cómo se imaginan Uds. una guerra?

• ¿Qué opinan Uds. de las guerras? ¿Por qué?

- ¿Creen que hay razones válidas para justificar una guerra? ¿Cuáles?
- ¿Qué causas suelen suscitar conatos de guerra?

El plenario de este segundo paso se podrá realizar con la técnica de los llamados "vasos comunicantes": de cada grupo pasará uno de los integrantes —siempre uno distinto— a otro grupo en forma de giro ordenado; quien llega informará lo que en el grupo de origen están comentando y será informado a su vez acerca de lo que en este grupo están dialogando sobre lo que las preguntas sugieren.

Tercer paso

Los mismos o distintos grupos, según convenga, serán invitados a elaborar carteleras sirviéndose del banco de láminas, o de periódicos y revistas que hayan traído para esta sesión; se servirán también de los datos que recibieron durante el segundo paso. En plenario harán la presentación de las carteleras que elaboren, dando la correspondiente explicación del mensaje.

Cuarto paso

Tratándose de un grupo con motivación cristiana conviene invitarlos finalmente a un rato de reflexión en silencio y de oración espontánea; cada quien podrá participar en la plegaria: peticiones de perdón, peticiones de solidaridad con las víctimas, peticiones en favor de la paz, etc.

Algún canto sobre la fraternidad o la paz; para cerrar la sesión, el coordinador sugerirá la recitación de *La oración de la paz*, de san Francisco de Asís, o bien, la recitación del Padrenuestro con algún rito especial (uniendo las manos, uniendo los brazos por la espalda del vecino, etc...).

IV. Sugerencias

- Si hubiere la posibilidad, invitar a algún testigo de guerra a que dé su testimonio.

- Si entre los presentes alguno sabe alguna poesía sobre la guerra o sobre la paz, o sabe alguna canción, invítesele a declamarla o a cantarla.

• Si alguno, igualmente, tuviera un dato interesante a ofrecer respecto de la materia, désele oportunidad de comunicarlo.

Anexo

La guerra - datos

1. Progresos científicos en el campo de preparativos para la GUERRA:

• la anticuada bomba que arrasó a Hiroshima pesaba cinco toneladas, hoy un proyectil que lleva diez ojivas, cada una con una potencia tres veces mayor a la de Hiroshima, sólo tiene un peso de 100 kilos por unidad,

• la cantidad de armamentos almacenados es tal que comparados con la población actual del mundo, a cada hombre, mujer y niño del planeta, le correspondería el equivalente de tres toneladas de TNT.

• 40 ensayos nucleares por año hacen las potencias mundiales.

2. Consecuencias de la última guerra mundial:

• 375.000 millones de dólares.

• 32 millones de jóvenes muertos en los campos de batalla.

• 20 millones de mujeres, ancianos y niños muertos por los bombardeos.

• 30 millones de personas mutiladas.

• 30 millones de hogares destruidos.

• 1 millón de niños huérfanos.

• 22 millones de personas que perdieron todo lo que tenían.

3. Equivalencias que hacen pensar:

• La Organización Mundial de la Salud gastó menos de 100 millones de dólares durante 10 años para erradicar la viruela del mundo; sin embargo, 100 millones de dólares no alcanzan para comprar un bombardero estratégico moderno.

• Un carro de combate costaba en 1953, 320 millones de pesos, el precio de 120 modernos tractores agrícolas.

• Un portaaviones costaba 350 mil millones de pesos, igual a la alimentación de 4 ciudades de 100.000 habitantes durante 1 año.

- El costo de un solo avión bombardero corresponde al costo de construcción de 30 escuelas perfectamente equipadas.

- Formar y equipar una división blindada costaba 60 millones de pesos, lo necesario para construir 32.000 casas con cuatro habitaciones cada una.

4. A pesar de todo esto:

- 500.000 hombres de ciencia trabajan las 24 horas del día en la preparación de material de guerra.

- Durante el presente siglo las estadísticas nos dan cuenta de 78 guerras.

- Cuando el mundo padece el flagelo del hambre, las potencias mundiales gastan para un bombardero atómico lo equivalente a tres millones de toneladas de trigo; para un misil lo que cuestan 100.000 toneladas de azúcar; un submarino supone quitarle al mundo 50.000 toneladas de carne.

28. Machismo y feminismo

I. **Objetivo:** Análisis de estos dos fenómenos.

II. **Recursos:** Grupo mixto de personas, a ser posible; copias de los anexos para la lectura y reflexión grupal; banco de láminas para elaborar carteleras, papel o cartulina y marcadores; cantos y juegos; ejemplares de la revista PROTESTA sobre el tema nn. 32, 68, etc.

III. **Método:** Cuatro pasos.

Primer paso

Los participantes en este ejercicio, distribuidos en pequeños grupos con participación de jóvenes de ambos sexos, leerán los anexos 1 y 2 y discutirán sobre la verdad o falsedad, o posible exageración de las afirmaciones, confrontarán el anexo 1 (afirmaciones tomadas de la observación) con el anexo 2 (afirmaciones hechas desde la reflexión y el estudio del sexo). A modo de conclusión responderán a estas preguntas en cada grupo:

- ¿Las características que distinguen el sexo masculino del femenino nacen verdaderamente de dos modos de existir, o son, por el contrario, fruto de una determinada cultura?
- ¿Hay algunas diferencias fundamentales entre los dos sexos? ¿Cuáles son?
- ¿La igualdad que se exige hoy para ambos sexos es una igualdad absoluta en todos los niveles, actividades, funciones, etc.?

Segundo paso

Los mismos o distintos grupos, según convenga, pasarán ahora a montar sociodramas o monumentos; unos sobre la realidad que observan en este campo en la presente sociedad; otros sobre lo que será una relación ideal y auténtica de los dos sexos. Harán la representación de estas actividades en el plenario, con un comentario y evaluación.

Tercer paso

Sirviéndose del banco de láminas, de cartulina y marcadores, cada grupo elaborará una cartelera en la que desarrollará un tema distinto:

— colaboración de hombre y mujer en el hogar,

— colaboración de hombre y mujer en el trabajo,

— colaboración de hombre y mujer en el apostolado,

— colaboración de hombre y mujer en la amistad,

— colaboración de hombre y mujer en la madurez personal.

Cada cartelera será presentada en plenario con una explicación detallada del tema expuesto; luego será fijada en la pared de la sala.

Cuarto paso

Para terminar el ejercicio, y en plenario, darán lectura al anexo 3, sirviéndose de un joven y de una joven, de tal manera que cada uno lea, bien sea una estrofa, o bien, lo que corresponde al sexo del compañero.

113

Si se juzga conveniente, podría añadirse un paso más al ejercicio, consistente en reunir los pequeños grupos para elaborar algunas conclusiones deducidas del tema, en plan práctico.

IV. Sugerencias

• Podrá el coordinador cambiar la sucesión de los pasos señalados, mudando uno de ellos por la lectura de algún folleto de interés sobre el tema.

• La proyección de algún audiovisual sobre el tema puede ser una forma de variación, v.gr. APRENDAN A AMAR, Dr. Armando Cifuentes, CENPAFAL, Bogotá.

• Una mesa redonda sobre este tema con participación de personas (hombres y mujeres) que representen diversos estamentos de la sociedad.

Anexos

1. El mundo no es el mismo para el hombre y la mujer

Hay un hombre sentado junto a un diván. El escucha. Está escuchando desde hace cincuenta años. Se le llama psiquiatra. En realidad es un humanista. Se trata de Theodore Reik, uno de los primeros y más brillantes discípulos de Freud y quien acaba de publicar en Estados Unidos un libro de reflexiones sobre las variedades infinitas del comportamiento de hombres y mujeres.

"Tendrán la misma silla" dice la Biblia. Sí, los cuerpos son diferentes pero pueden, en un momento dado, reunirse, fundirse. Sin embargo, la sensibilidad masculina y la femenina, los espíritus mismos, no serán nunca iguales. El hombre y la mujer piensan, actúan y reaccionan según su sexo, según su raza. Son realmente dos planetas diferentes, funcionan en órbitas diferentes. No concuerdan en las palabras, en los gestos, en las emociones, no dan a la mayor parte de las cosas ni el mismo sentido ni la misma importancia. Pueden comprenderse, pueden complementarse pero no se confundirán jamás. Son exactamente como las dos orillas de un mismo río. Es por esto que el hombre y la mujer se buscan, por esto se fascinan el uno con el otro, por esto jamás se cansarán de investigarse".

Tenemos algunas de las observaciones sobre la vida cotidiana tomadas de las notas del profesor Reik. Es importante no olvidar, mientras se leen, esta verdad primaria: hay trazos ultra-femeninos en el más viril de los hombres y hay trazos ultra-masculinos en la más femenina de las mujeres. Pero, ¿por qué las mujeres no pueden comportarse siempre como los hombres? Lea a continuación y podrá discutirlo con su cónyuge.

Los hombres son así:

• Para un hombre las mujeres y el amor constituyen un universo separado, sin conexión con sus otros intereses.

• Los hombres tienen la impresión de que las mujeres son un clan.

• Los hombres se vanaglorian de no llorar para no parecer débiles.

• Los hombres dicen que las mujeres viven en el presente, que no tienen sentido histórico.

• El hombre casado siempre envidia un poco a su amigo soltero.

• El amor hace perder el control a los hombres, por algunas horas.

• Los hombres hablan para decir cualquier cosa.

• Un hombre puede estar orgulloso o avergonzado de su mujer pero eso no altera la opinión que él tiene de sí mismo.

• Los hombres envidian a un "hombre de mujeres", al que tiene éxito con las mujeres.

• El hombre habla de él con simplicidad. El cree que la mujer es espontáneamente apasionada por las cosas que la apasionan. Para el hombre, la mujer que es "cucha" es una mujer inteligente.

• Los hombres son desgraciados cuando envejecen porque pierden su gran estímulo: el trabajo.

• La felicidad de los hombres es su obra. Ellos quieren conquistar un puesto en el mundo.

• Los hombres querrían a las mujeres, simples, razonables, pero super-femeninas. Una especie de cubos redondos.

• Los hombres mienten tanto como las mujeres pero son absolutamente "novatos" en este arte.

• Cuando un hombre no triunfa, se vuelve agresivo con las mujeres. Hamlet envió a Ofelia a un convento porque se sentía débil y fracasado.

- Los adolescentes no saben nada de mujeres, más tarde ellos aprenden mucho pero siguen siempre sin conocerlas.

- La naturaleza no prepara a los hombres para ser esposos o padres. Ellos se improvisan siempre.

- El hombre que trabaja no piensa en la mujer sino cuando se siente débil.

- Los hombres hablan demasiado libremente de sus experiencias femeninas.

- Los maridos hablan menos de sus mujeres que las mujeres de sus maridos.

- Cuando los hombres se miran en un espejo es, generalmente, para afeitarse.

- El hombre busca raramente en sus hijos el parecido con su mujer.

- El hombre quiere ser el mismo siempre.

- Las palabras más agradables que un hombre podrá decir siempre a una mujer son "te amo".

- Los hombres son "Quijotes" a caballo sobre sus principios.

Las mujeres son así:

- La mujer está siempre tan poco dispuesta a cambiar de hombre como a cambiar de hijos.

- Las mujeres están siempre dispuestas a traicionar a sus maridos. ¿La razón? Probarse a sí mismas y probarle a él que son atractivas. Eventualmente también para reconquistar a sus esposos.

- La mujer que cuida la casa, hace compras, vigila a los niños, no está nunca separada con el pensamiento de su marido. Todo lo hace en función de él.

- Las mujeres comentan la importancia que tiene su marido en el desarrollo de sus vidas.

- La mujer teme no gustar físicamente.

- La mujer tiene todo el tiempo necesidad de estar con el hombre que ama.

- La mujer busca todo el tiempo el parecido físico, los gestos, las características del padre, en todos sus hijos.

- La mujer quiere y sueña ser nueva cada mañana.

- Las mujeres tienen siempre mucho tiempo disponible, aun las que trabajan.
- Las palabras más agradables que una mujer podrá decir siempre a un hombre son: "Estoy orgullosa de ti".
- La mujer casada le produce envidia a su amiga solterona.
- ¿Quién se acuerda de los aniversarios? Las mujeres. Precisamente para revivir en el presente la emoción del pasado.
- La mujer es emotiva, lenta.
- Las mujeres escriben.
- Las mujeres hablan por placer, por gusto, hasta cuando encuentran algo que decir.
- La autoestimación de una mujer depende de la clase de hombre que ella logró que la escogiera.
- Las mujeres tienen un sentido agudo de la realidad.
- Las mujeres condenan a una "mujer de hombres", a la que tiene éxito con los hombres.
- Para interesar a un hombre la mujer aprende a callar (Primero porque le da miedo aburrir o descubrir sus inferioridades. Además porque escuchar a un hombre es seducirlo. Todas lo saben).
- Las mujeres de edad son serenas, tienen lo esencial: casa, hijos.
- Las mujeres persiguen una sola cosa: conquistar a un hombre y saberlo guardar. Eso es para la mujer la felicidad.
- Las mujeres toman la religión y la nacionalidad del marido tan fácilmente como su nombre.
- La mujer que trabaja, vive en suspenso. Su trabajo es siempre abstracto. Su hogar es lo que verdaderamente muestra su personalidad.
- La mujer que tiene cargos de responsabilidad canaliza en el trabajo su agresividad, su deseo de poder, y por esto puede ser mucho más femenina con su marido.
- Desde los diez años las mujeres ya están potencialmente celosas del marido, de la casa, del éxito de su mejor amiga.
- Las mujeres que insisten en la igualdad han renunciado a su superioridad.

2. Mitologías de la

FEMINIDAD	VIRILIDAD
(La mujer es más...)	(El varón es más...)
• suave, dulce	• duro, rudo
• sentimental	• frío
• afectiva	• intelectual
• intuitiva	• racional
• impulsiva	• planificado
• superficial	• profundo
• frágil	• fuerte
• sumisa	• dominante, autoritario
• dependiente	• independiente
• protegida	• protector
• tímida	• agresivo
• recatada, prudente	• audaz
• maternal	• paternal
• coqueta	• sobrio
• voluble, inconstante	• estable
• cosquistada	• conquistador
• bonita	• feo
• susceptible al llanto	• menos susceptible al llanto
• insegura	• seguro
• pasiva	• activo
• abnegada	• cómodo
• centrípeta	• centrífugo
• receptiva	• autárquico
• busca la verdad por intuición	• busca la verdad por razonamiento
• fluidez verbal	• capacidad para la labor abstracta
• tierna	• apasionamiento
• sensible a estímulos afectivos	• necesita estímulos fuertes

3. "Las grandes diferencias entre el hombre y la mujer"

• "El hombre es la más elevada de las criaturas: la mujer el más sublime de los ideales.

• Dios hizo para el hombre un trono, para la mujer un altar: el trono exalta, el altar santifica.

• El hombre es genio, la mujer es ángel: el genio es inconmensurable, el ángel es indefinible.

• La aspiración del hombre es la suprema gloria, la de la mujer la virtud extrema: la gloria hace lo grande, la virtud hace lo divino.

• El hombre tiene la supremacía, la mujer la preferencia: la supremacía significa la fuerza, la preferencia representa el derecho.

• El hombre es fuerte por la razón, la mujer invencible por las lágrimas: la razón convence, las lágrimas conmueven.

• El hombre es capaz de todos los heroísmos, la mujer de todos los martirios.

• El hombre es código, la mujer es evangelio: el código corrige, el evangelio perfecciona.

• El hombre es un templo, la mujer un sagrario: ante el templo nos descubrimos, ante el altar nos arrodillamos.

• El hombre piensa, la mujer sueña: pensar es tener en el cráneo una larva, soñar es tener en la frente una aureola.

• El hombre es águila que vuela, la mujer es ruiseñor que canta: volar es conquistar el espacio, cantar es conquistar el alma.

• El hombre tiene un fanal: la conciencia. La mujer una estrella: la esperanza. El fanal guía, la esperanza salva.

• En fin, el hombre está colocado donde termina la tierra, y la mujer donde comienza el cielo".

29. Domesticación y concientización

I. **Objetivo:** Análisis y cuestionamiento de actitudes sociales.

II. **Recursos:** Ambientación del recinto de encuentro con carteleras o afiches que representen la problemática a que hace alusión el título de este ejercicio; copias de *La parábola del águila,* según texto adjunto; copia de las preguntas para el diálogo grupal; cantos y juegos, a ser posible con sabor a concientización; tablero.

III. Método: Tres pasos.

Primer paso

Reunidos todos en plenario, iniciarán la sesión con cantos y juegos que preparen el ambiente; dentro de un fondo musical escogido leerán para todos *La parábola del águila* una o dos veces, según se crea necesario, para que todos puedan penetrar en el mensaje del trozo (ver anexo).

Segundo paso

Reunidos en varios grupos, cada grupo hará su reflexión, primero en forma espontánea: cada participante expresará lo que la parábola le sugiera, mientras los restantes escuchan sin cuestionar; después el coordinador distribuirá copia de las preguntas que ayudarán a una mayor profundización en el mensaje de la parábola:

Señalen los personajes de la historia: (el naturalista—el propietario del corral—el águila—los pollos).

• Señalen las actitudes de cada uno de los personajes.

• Identifique las diversas actitudes de los personajes de la parábola con personas de nuestro ambiente: quiénes hacen el papel del "naturalista", quiénes el papel del dueño del corral, quiénes el papel del pollo, quiénes el papel del águila.

• ¿Pueden señalar alguna circunstancia concreta o situación en la que se repita hoy la parábola del águila? ¿Cuál o cuáles?

• ¿Qué opinan de tal situación? ¿Aceptan Uds. tal situación como normal? ¿Por qué?

• ¿Qué intereses hay detrás de la actuación del dueño del corral, detrás del naturalista? ¿Qué piensan de tales intereses? ¿Con cuál de estos dos personajes se identifican Uds.?

• ¿Qué están haciendo, o qué piensan hacer para justificar la identificación que acaban de hacer?

120

Tercer paso

En plenario se recibirá la información del trabajo grupal anotando en el tablero las diversas aportaciones de los grupos; el coordinador añadirá oportunamente su propia visión y juicio del problema. Terminada esta primera parte, se pedirá a los grupos hacer el montaje de un sociodrama que represente alguna situación concreta en la que se vivencia el mensaje de la parábola, para representar luego.

IV. Sugerencias

• Pedir a los participantes que sugieran nombres para designar este ejercicio.

• Hacer recordar el nombre de hombres destacados que en la historia hayan hecho el papel del "naturalista" o concientizador. Contar algo de su historia.

Anexo

Parábola del águila[1]

"Erase una vez un hombre que, mientras caminaba por el bosque, encontró un aguilucho. Se lo llevó a su casa y lo puso en un corral, donde pronto aprendió a comer la misma comida que los pollos y a conducirse como éstos. Un día un naturalista que pasaba por allí le preguntó al propietario por qué razón un águila, el rey de todas las aves y los pájaros, tenía que permanecer encerrada en el corral con los pollos.

—Como le he dado la misma comida que a los pollos y le he enseñado a ser como un pollo, nunca ha aprendido a volar— respondió el propietario—. Se conduce como los pollos y, por tanto, ya no es un águila.

—Sin embargo —insistió el naturalista— tiene corazón de águila y, con toda seguridad, se le puede enseñar a volar.

Después de discutir un poco más, los dos hombres convinieron en averiguar si era posible que el águila volara. El naturalista

1. AGGREY James, *The Parable of the Eagle*, tomado de *Nacidos para triunfar* de Muriel JAMES y Dorothy JONGEWARD. Fondo Educativo Interamericano S.A., Bogotá, 1975.

la cogió en brazos suavemente y le dijo: "Tú perteneces al cielo, no a la tierra. Abre las alas y vuela".

El águila, sin embargo, estaba confusa; no sabía qué era y, al ver a los pollos comiendo, saltó y se reunió con ellos de nuevo.

Sin desanimarse, al día siguiente, el naturalista llevó al águila al tejado de la casa y le animó diciéndole: "Eres un águila. Abre las alas y vuela". Pero el águila tenía miedo de su yo y del mundo desconocido y saltó una vez más en busca de la comida de los pollos.

El naturalista se levantó temprano el tercer día, sacó al águila del corral y la llevó a una montaña. Una vez allí, alzó al rey de las aves y le animó diciendo: "Eres un águila. Eres un águila y perteneces tanto al cielo como a la tierra. Ahora, abre las alas y vuela".

El águila miró alrededor, hacia el corral, y arriba, hacia el cielo. Pero siguió sin volar. Entonces, el naturalista la levantó directamente hacia el sol; el águila empezó a temblar, a abrir lentamente las alas y, finalmente, con un grito triunfante, voló alejándose en el cielo.

Es posible que el águila recuerde todavía a los pollos con nostalgia; hasta es posible que, de cuando en cuando, vuelva a visitar el corral. Que nadie sepa, el águila nunca ha vuelto a vivir vida de pollo. Siempre fue un águila, pese a que fue mantenida y domesticada como un pollo".

30. Prejuicios sociales

I. **Objetivo:** Análisis del comportamiento individual y social.

II. **Recursos:** Lugar adecuado para el trabajo de grupos; diez láminas con rostros de hombres y mujeres (adultos) enumerados de uno a diez; papel y lápiz para el trabajo individual y grupal; copia de las preguntas para la reflexión de grupo; cantos y juegos.

III. **Método:** Tres pasos.

Primer paso

El coordinador expondrá en el tablero o pared las diez fotografías debidamente enumeradas; se trata de que los presentes, lo más rápidamente posible, escojan los rostros de tres personas a quienes se les sindica de ser autores del secuestro de un niño que posteriormente murió víctima del impacto nervioso. Los autores del secuestro están allí.

Cada uno habrá recibido papel y lápiz para anotar los números de las personas a quienes juzga como posibles autores del secuestro.

El coordinador observará los números anotados por cada uno de los integrantes del grupo, y ordenará nuevamente observar los rostros y los números anotados; si alguien quiere corregir la primera anotación, hágalo pero explicando por qué quiere hacer la(s) correción(es).

Hecha esta revisión del primer sondeo, harán una presentación de las personas sindicadas de secuestro según el juicio de los presentes, junto con las razones que los llevó a atribuirles el secuestro; observarán cuáles son los sindicados por un mayor número de participantes y en virtud de qué razones o motivos.

Segundo paso

Ahora y organizados en pequeños grupos, cada equipo irá a reflexionar sobre el presente ejercicio partiendo de estas preguntas:

• Durante el primer paso, al señalar en forma rápida las tres personas a quienes considera autores del secuestro, ¿qué razones lo llevaron a hacerlo?

• Cuando en el momento siguiente se le dio oportunidad de revisar la sindicación hecha, ¿hizo Ud. alguna corrección? ¿Y en virtud de qué razón la hizo?

• ¿Hubo algún acuerdo o unanimidad entre Uds. al sindicar a determinada persona? ¿Qué razones alega cada uno?

• ¿Cuáles son los detalles más significativos que los llevaron a Uds. a determinar que tal persona podría ser uno de los autores del secuestro?

Cuando cada grupo haya terminado de responder a estos interrogantes, podrá el coordinador entregar, en hoja aparte, esta segunda serie de preguntas:

• Si les digo que ninguna de las diez personas que vieron en la fotografía es autor del secuestro, Uds., ¿qué dirían ahora?

- ¿Por qué aceptaron tan fácilmente la acusación que el coordinador hacía a estas diez personas?
- ¿Qué se les ocurre pensar en este momento?
- ¿Sucede esto mismo con frecuencia en nuestra sociedad? Relate algunos casos que Ud. conozca.
- ¿Qué mensaje les deja este ejercicio?
- ¿Qué conclusiones deducen Uds. de la presente dinámica?

Tercer paso

El coordinador pedirá a cada uno de los participantes que, en particular, piensen en el tema de una película conocida, o el título y argumento de una novela que hayan leído, o recuerden una historia verdadera en la que se reproduzca un hecho similar al que hoy ha tenido lugar entre nosotros: por fuerza de unos prejuicios sociales discriminatorios hemos atribuido sin fundamento razonable y con falsedad un crimen a personas inocentes.

Presentarán en plenario los argumentos de las películas, novelas o historias; entre todos descubrirán qué criterios discriminatorios son los más frecuentes en nuestra sociedad; dialoguen espontáneamente sobre el tema con la debida coordinación.

Podrá el coordinador terminar este ejercicio invitando a cantar alguna canción que aluda al problema que se ha ventilado, v.gr. "De qué color es la piel de Dios".

IV. Sugerencias

- Invitar a recordar canciones-mensaje que denuncian este problema de la discriminación. Si alguno la quiere cantar, darle ocasión.

- Invitar a recordar dichos o refranes populares sobre el tema.

- Recordar algún pasaje del Evangelio en el que se reproche la discriminación.

- Recordar nombres de personajes que han luchado contra la discriminación; contar algún detalle de su vida, o mencionar una de sus sentencias.

- Hacer oír el pasaje "Olor a catinga" del programa —discos del TIO JUAN.

31. La objeción de conciencia

I. **Objetivo:** Hacer tomar posición personal, desde la conciencia de cada uno, frente a problemas sociales que comprometen mi actuación.

II. **Recursos:** Sala de reunión; tablero o papelógrafo; algunos libros que traten el tema de la conciencia; artículos de la prensa que hagan referencia al tema de la conciencia y sus implicaciones: abusos de conciencia, chantajes, etc.; copia de preguntas para el diálogo grupal; referencia de trozos para leer e informarse al respecto; casos a analizar en grupos.

III. **Método:** Tres pasos.

Primer paso

Distribuido el personal que participará en este ejercicio en pequeños grupos, el coordinador dará a cada grupo copia del texto de un caso distinto a analizar (ver anexo).

Unas pocas preguntas podrán orientar al grupo para la reflexión:

• ¿Cuál es el problema de fondo en el caso presente?

• ¿A qué atribuye Ud. este conflicto en que se encuentra el personaje del caso?

• ¿Por qué es un conflicto?

• ¿Qué consejo daría Ud. a la persona protagonista del caso?

Como los casos son distintos para cada grupo, convendrá hacer un plenario de información de los casos y de la reflexión hecha sobre ellos en los diversos grupos.

Segundo paso

En la sala de reunión, mientras los grupos hacen el trabajo anterior, el coordinador fijará en las paredes diversas sentencias para iluminar los problemas planteados en los casos; el coordinador, una vez hecho el plenario, invitará a los grupos a pasar frente a cada sentencia para leerla; al final, discutirán en plenario: ¿las sentencias leídas iluminan mejor la reflexión grupal hecha? ¿En qué forma? (Ver las sentencias en anexo).

Tercer paso

El coordinador ofrecerá a los grupos copia de la historia breve de algunos personajes célebres por su actitud valiente frente al sistema establecido (ver anexo). Cada grupo recibirá un trozo distinto.

IV. Sugerencias

• Entonar canciones-protesta al final del ejercicio.

• Leer al final del ejercicio, si hay oportunidad, la plegaria de JUAN ARIAS: "Los que no quieren la otra prostitución", en *Oración Desnuda*, Ed. Sígueme, Salamanca, 1975, pp. 131-133.

• Recordar casos históricos ejemplares en este campo de respeto a la conciencia.

Anexo

Casos a analizar

Caso No. 1

Entre un juez y un agente de policía se entabló este diálogo:

J. En la madrugada del viernes pasado cuando murió X, Ud. se dirigió a la calle X acompañado de un grupo de policías para tomar preso al Sr. X.

P. Sí, es correcto.

J. ¿Cómo supo Ud. que el Sr. X iba a estar allí a esa hora?

P. El Sr. Y. nos lo había dicho, e incluso él mismo nos acompañó.

J. ¿Ud. acepta que la muerte del Sr. X se debe en parte a la acción que Ud. y el grupo de policías llevaron a cabo?

P. De ninguna manera. Un militar, o un policía, tiene una profesión en la que la primera y la última regla es la OBEDIENCIA. Cuestionar las órdenes de nuestros superiores es algo completamente inaudito para nosotros.

J. ¿Incluso cuando se le pide hacer algo criminal que va en contra de su conciencia?

P. Los militares y la policía no tenemos conciencia mientras estamos de uniforme. Sólo cuando estamos en casa o de civil.

J. ¿Se trata de una obediencia ciega, entonces?

P. Exactamente.

J. Entonces, si sus superiores le ordenan abrir fuego contra un grupo de estudiantes desarmados, para herirlos, y posiblemente para matarlos, ¿Ud. obedecería sin pensar dos veces?

P. Ahora sí. Cuando recién ingresé a la fuerza policial, mi conciencia me molestaba a veces cuando tenía que golpear o torturar a personas inocentes, pero ahora he desechado esos temores.

J. O sea, que Ud. ha logrado silenciar su conciencia, por lo menos cuando está de uniforme.

P. Así es.

Caso No. 2

Carta de Ernesto "Che" Guevara a sus hijos.

"Queridos Hildita, Aleidita, Camilo, Celia y Ernesto:

Si alguna vez tienen que leer esta carta, será porque yo no esté entre Uds. Casi no se acordarán de mí y los más chiquitos no recordarán nada.

Su padre ha sido un hombre que actúa como piensa y, seguro, ha sido leal a sus convicciones. Crezcan como buenos revolucionarios. Estudien mucho para dominar la técnica que permite dominar la naturaleza. Acuérdense que la revolución es lo más importante y que cada uno de nosotros, solo, no vale nada.

Sobre todo, sean siempre capaces de sentir en lo más hondo cualquier injusticia cometida contra cualquiera en cualquier parte del mundo. Es la cualidad más linda de un revolucionario. Hasta siempre hijitos. Un beso grandote y un abrazo de papá".

Caso No. 3

"Es muy digno de memoria lo ocurrido a siete hermanos que con su madre fueron presos y a quienes el rey quería obligar a comer carne de cerdo prohibida y, que por negarse a comerlas, fueron azotados con zurriagos y nervios de toro.

Uno de ellos, tomando la palabra, habló así: ¿qué quieres hacer de nosotros? Estamos prontos a morir antes que infringir las leyes de nuestro Dios.

Irritado el rey, dio orden de cortar la lengua al que así había hablado; mutilado de todos sus miembros, mandó el rey acercarle así al fuego, y vivo aún freírle en la sartén. Muerto de esta manera el primero, le preguntaron al segundo si estaba dispuesto a comer antes que ser atormentado, a lo que respondió no. Por lo cual enseguida se le dio el mismo tormento. Y así uno tras otro hasta llegar al más pequeño.

Antíoco, al más pequeño le exhortaba y le prometía con juramento hacerle rico si abandonaba las leyes de sus padres...; cuando aún hablaba el Rey, dijo el joven: ¿qué esperas? No obedezco el decreto del rey sino los mandamientos de la Ley dada a nuestros padres por Moisés.

Furioso, el rey se ensañó contra éste más cruelmente que contra los otros, llevando muy a mal la burla que de él hacía".

(2M 7, 1-40)

Caso No. 4

Juan ha leído en la plaza pública del pueblo la convocatoria que hace el ejército a todos los jóvenes que hayan cumplido 18 años para alistarse oportunamente a prestar el servicio militar obligatorio.

Sólo le faltan unos pocos días para cumplir la edad requerida; desde hace algún tiempo no comulga nada con la actitud del ejército; son tantas las cosas que ha oído. Se habla de torturas que aplican en el ejército a personas que por usar su derecho de libertad de conciencia y de opinión son terriblemente castigadas; se ha informado que el ejército necesita refuerzos para enviar más personal, en pie de guerra, contra las guerrillas. Ha escuchado las denuncias que el episcopado de su país ha hecho de los atropellos de las fuerzas del orden, contra hombres que protestan por los abusos que hacen de la fuerza las autoridades militares.

Como lector asiduo que es, Juan ha leído en alguna parte que los actos, que se oponen deliberadamente a los principios universales y las órdenes que mandan tales actos, son criminales, y la obediencia ciega no puede excusar a quienes las acatan. Se ha de encaminar, en cambio, al máximo la valentía de los que no temen oponerse abiertamente a los que ordenan semejantes cosas.

Juan ha tomado la decisión de no ir al servicio militar porque en su conciencia le repugna tomar las armas para matar.

2. Sentencias para carteles de la sala.

Toda persona tiene derecho a la libertad de pensamiento, de conciencia y de religión (Art. 18 de la *Declaración de los Derechos Humanos*, de la ONU).

• La potencia bélica no legitima cualquier uso militar o político de ella (*Gaudium et spes* n. 79).

• La objeción de conciencia constituye una forma de expresión del comportamiento humano en el doble aspecto de su responsabilidad libre y consciente (R. Taboada V., *La objeción de conciencia*, Cuadernos BAC, n. 21).

• La objeción de conciencia es la reacción de la conciencia moral contra una ley que se considera injusta o perniciosa (A. Hortelano, *Moral Responsable*. Ed. Sígueme, Salamanca, 1969).

• La objeción de conciencia constituye hoy un verdadero fenómeno social que ha despertado una conciencia colectiva de solidaridad y fraternidad (R. Taboada, Op. cit.).

• Parece razonable que las leyes tengan en cuenta, con sentido humano, el caso de los que se niegan a tomar las armas por motivos de conciencia y aceptan al mismo tiempo servir a la comunidad humana de otra forma (*Gaudium et spes* n. 79).

3. Historia de algunos célebres objetores de conciencia.

32. Gritos proféticos

I. Objetivo: Suscitar en la persona la conciencia social con la reflexión sobre sentencias fuertes de antiguos y modernos profetas.

II. Recursos: Copia de una serie de sentencias (anexo) de profetas antiguos y modernos; libros, revistas, periódicos para tomar estas sentencias; papel, lápices, cartulina; cantos con sabor a denuncia y anuncio; ambientación de la sala con imágenes de profetas y con sentencias de los mismos.

III. Método: Tres pasos.

Primer paso

El coordinador pedirá la formación de varios grupos de personas; a cada grupo confiará parte del material preparado (libros, revistas, periódicos) y le encomendará la tarea de elaborar una

129

lista, máximo de diez (10) sentencias de hombres distinguidos sobre la problemática social del mundo, del país, de la ciudad, etc.

Podrá el coordinador dar, a manera de ejemplo, una sentencia.

De no contar con la posibilidad de que los mismos participantes elaboren la lista de sentencias, entonces el coordinador ofrecerá copia del anexo.

Si el grupo elabora la lista o serie de sentencias, pedirá el coordinador fundirse los integrantes en nuevos grupos para conocer la serie elaborada por cada uno de los grupos, y si es del caso, completar la serie, o seleccionar las sentencias encontradas.

Segundo paso

Los grupos conformados leerán las sentencias recogidas y seleccionarán una o dos de ellas para analizar con base en esta guía:

Al seleccionar las sentencias y escoger algunas para reflexionar en este momento, ¿qué criterio tuvieron en cuenta? ¿Por qué escogieron estas sentencias?

¿Qué tipo de sentencias gustan más a los jóvenes hoy? (sentencias que defienden la vida, el amor, la propiedad de los bienes, la comunicación de los bienes, la paz, etc.).

• ¿Tiene alguna utilidad recordar frases como las que estamos reflexionando hoy? ¿Por qué?

• ¿Estas frases serán mero romanticismo de algunas personas inspiradas poéticamente, o serán la expresión de una vida humana comprometida en una causa noble?

• ¿Cómo podremos nosotros hacer realidad las sentencias que hemos elegido?

El coordinador invitará a realizar un plenario para detectar las frases más opcionadas por todos los grupos.

Tercer paso

Los grupos se reunirán de nuevo por separado para elaborar una nueva sentencia de acuerdo con las inquietudes más vivas del grupo; se recomendará que sea una sentencia original, novedosa y que lleve un mensaje juvenil para el mundo moderno.

130

Presentará cada grupo la sentencia formulada, escrita en cartulina; buscará una forma ingeniosa de proclamarla en el plenario, y finalmente, la fijarán en la pared de la sala.

IV. Sugerencias

• Dramatizar algunas de las sentencias, reproduciendo las circunstancias en que un determinado profeta pronunció una determinada sentencia.

• Recordar hechos históricos de los autores de las principales sentencias.

• Insistir en que las sentencias sean, sobre todo, de autores latinoamericanos y del país.

• Subrayar las sentencias fuertes de Cristo en el Evangelio, como sentencias inspiradoras de las demás.

• Recordar las consecuencias (heroicas) que para varios profetas han traído ciertas sentencias pronunciadas por ellos.

Anexo

Gritos proféticos

1. Se cuenta de san Francisco Solano (S. XVI) que una vez, invitado por unos conquistadores a comer, al bendecir la mesa tomó un pedazo de pan y lo apretó en sus manos, y comenzó a salir sangre. El santo dijo entonces: "Esta sangre es la de los indios", y se retiró a su convento sin comer bocado.

2. Es sacrificar al hijo en presencia de su padre robar a los pobres para ofrecer sacrificio. El pan es vida del pobre y el que se lo defrauda es homicida. Mata a su prójimo quien le quita su salario; quien no paga el justo salario derrama su sangre (*Hist. Gral. de la Iglesia* en A.L. CEHILA I. 1982).

3. El fetiche vive de la sangre del pobre. La vida del ídolo es la muerte del pobre. Arrebatar la vida del fetiche por la justicia es matarlo. Pero el ídolo, antes de morir, mata (E. Dussel, *Concilium* 172 (1982), pp. 236-249).

4. La vocación de evangelizar a los pobres lleva consigo el deber de denunciar las injusticias y las hipocresías de quienes

echan pesadas cargas sobre los hombros de los demás y ellos no las tocan ni con un dedo (Mons. Gerardo Valencia Cano, 15 de abril/1969).

5. ¿Qué vas a responder al juez, tú que vistes de oro las paredes y no vistes al hombre; que adornas a los caballos y desprecias a tu hermano cubierto de harapos; que dejas que se pudra el trigo, y no alimentas a los hambrientos; que entierras el oro, y abandonas al oprimido? (S. Basilio, *Homilías*).

6. Dime: ¿cómo te has hecho rico? ¿De quién has recibido tus riquezas? Dirás que de tu abuelo o de tu padre. ¿Podrías probar, recorriendo a tus ascendientes, que esa tu fortuna es justa en sus orígenes? A buen seguro que no, antes bien, será necesario confesar que esa fortuna procede originalmente de la injusticia y del fraude. ¿Por qué? Porque Dios en un principio no hizo a unos pobres y a otros ricos (S. Juan Crisóstomo, *Sobre la I Carta a Timoteo*).

7. Vestís las paredes y desnudáis a los hombres. Ante la puerta de tu misma casa está llamando a gritos un andrajoso y desoyes esas voces; tu única preocupación es con qué has de vestir el pavimento de tu casa. Pide dinero un pobre y no hay quien le alargue la mano; pide pan un hombre como tú, mientras tu caballo muerde un freno de oro. Tenéis la afición puesta en vestidos y piedras preciosas cuando otros ni siquiera tienen pan para comer (S. Ambrosio, *Homilía sobre el AT*).

8. La propiedad privada no constituye para nadie un derecho incondicional y absoluto. No hay ninguna razón para reservarse en uso exclusivo lo que supera a la propia necesidad, cuando a los demás les falta lo necesario (Pablo VI, *Populorum progressio*, n. 23).

33. Discriminación racial

I. Objetivo: Analizar una de las discriminaciones existentes en nuestra sociedad.

II. Recursos: Ambientación del lugar de reunión con motivos alusivos al tema de estudio; copia de la(s) caricatura(s) a analizar; copia del programa "Olor a catinga" del TIO JUAN; copia de las preguntas para el trabajo grupal; cantos y juegos de ocasión; copia del mito africano.

III. Método: Tres pasos.

Primer paso

Si es posible, disponer de varias caricaturas que denuncien el problema de la discriminación racial, se dará una o más a los varios grupos formados para que estudien el contenido y mensaje de tales caricaturas (ver anexo).

Preguntas para guiar el diálogo:

* ¿Qué observan en las caricaturas? ¿Qué detalles de las caricaturas destacan Uds.?

* ¿Recuerdan otras caricaturas sobre el mismo tema? ¿Cómo son?

* ¿Recuerdan expresiones que hacen referencia a este tema de la discriminación?

* ¿Qué actitudes han observado entre la gente cuando se hace relación a este tema?

* ¿A qué causas atribuyen este hecho tan arraigado entre nosotros de valorar un color sobre otro?

* ¿Se les ha ocurrido pensar que en los pueblos de color hacen también preferencia de sus gentes sobre los "blancos"? ¿Conocen algún detalle al respecto?

Segundo paso

Si se dispone de copias suficientes para los diversos grupos, se entregará a cada uno copia del *mito africano* sobre la creación del hombre (anexo).

Leerán el mito; lo comentarán dejándose guiar por la espontaneidad; si el diálogo se hace difícil, acudan a estas preguntas para profundizar:

* ¿Creen Uds. que este mito ha sido auténtica creación de las gentes de color del Africa, o habrá existido influjo de la mentalidad de los "blancos"?

* ¿Cuál es el mensaje del mito? ¿Qué encuentran en él como detalle más llamativo?

133

- ¿Conocen otros mitos sobre la creación del hombre? Cuéntenlos.

- ¿Este mito africano con qué objeto habrá sido pensado y escrito?

- La moraleja con que finaliza el relato del mito, ¿corresponde a una realidad?

Tercer paso

El coordinador iniciará este tercer paso presentando la figura histórica de Martin Luther King —líder en Norteamérica contra la discriminación racial de los negros— mártir de esta causa. Presentar igualmente la figura de Mons. Gerardo Valencia Cano, obispo de Buenaventura y defensor de las gentes de color del pacífico, en Colombia.

Después de la presentación de estos dos personajes, invitará a reflexionar sobre la trascendencia de este problema en nuestra patria; para esto, guiarse por estas preguntas:

- ¿Qué manifestaciones conocen Uds. de este problema en nuestro ambiente?

- ¿Estas manifestaciones se han generalizado tanto como para decir que es problema nacional? ¿Por qué?

- ¿Qué raíces históricas, culturales y sociales explican la generalización de esta discriminación?

- ¿Se atreverían a decir que este tipo de discriminación ya no es problema porque el asunto se ha hecho natural y normal entre nosotros?

- ¿La discriminación qué niveles ha alcanzado? (universidad—cargos públicos—relaciones sociales—compromisos matrimoniales—trabajo—).

- ¿Cómo juzgan la situación actual en relación con esta discriminación?

- ¿La obra concientizadora de Martin Luther King por qué no habrá tenido imitadores en cantidad?

- ¿Conocen canciones, obras de arte, de literatura, de teatro, etc., que denuncien esta discriminación? ¿Cuáles?

- ¿Qué conclusión sacan de este ejercicio como lección práctica para la vida social? Escribirla en cartulina o papel para fijarla en la sala de reuniones.

IV. Sugerencias

- Entonar canciones-mensaje que aludan al tema (¿De qué color es la piel de Dios?—Angelitos negros-).

- Leer los artículos de la Declaración de los Derechos Humanos, de la ONU que hacen relación a este asunto: Art. n. 2, 7,16.

- Destacar los valores de las gentes de color que han pasado ignorados por los "blancos".

- Informar sobre las normas establecidas por la Constitución nacional del país y por el Código Civil, al respecto.

Anexo

Adán era negro

Leyenda Yaka

La creación del hombre por el Antiguo Testamento siempre nos ha suscitado una seria inquietud. Si Adán y Eva eran blancos, ¿de dónde vienen los negros y las demás razas?

El negro africano, allá en los comienzos del siglo, conoció al hombre blanco, y también se preguntó: ¿quién te hizo hombre blanco; y cuál es tu origen? Esta pregunta se hizo más importante a medida que el negro comprendía que su semejante el blanco no sólo era distinto en el color sino también en la manera de ser. Alguna explicación debía de haber.

Una sabia solución de la creación del hombre, dada en lenguaje mítico, está en una vieja leyenda que los ancianos en las noches estrelladas, iluminados por el resplandor de una hoguera, repiten a sus descendientes.

"Hace muchos siglos Nzambi[1] era joven, sus manos fuertes, sus piernas vigorosas. Cierto día en que se aburría, se dijo: "El mundo es demasiado grande para mí tan solo, haré al hombre y compartiré la tierra con él, seremos amigos". Nzambi descendió

1. Nzambi es un vocablo empleado por la mayoría de las tribus Bantú para designar el ser supremo, Dios.

135

al arroyo y allí encontró greda blanca y se dio al trabajo. Nzambi modeló una maqueta desde todo punto de vista perfecta, la puso bajo las cenizas calientes para que endureciera. Después de varias horas de cocimiento la retiró. El hombre apareció entonces con formas, líneas y color perfectos. Era el hombre blanco. Nzambi frotó sus manos, "hombre blanco, dijo él, yo te hago mi amigo y te doy el mundo para que lo habites, todo lo que la tierra producirá te pertenece".

Los siglos pasaron, Nzambi había envejecido mucho, de nuevo se aburrió y dijo: "Haré un nuevo amigo". Nzambi bajó al arroyo, tomó greda y la modeló en forma de hombre. Terminada la maqueta la puso bajo las cenizas. Pero Nzambi había envejecido, su mano temblaba y su memoria se debilitaba.

Para colmo de males las cenizas estaban demasiado calientes. Cuando Nzambi sacó el nuevo hombre, éste se había ennegrecido completamente por el fuego. Era el hombre negro.

Nzambi, un poco perplejo, acarició varias veces al hombre y le dijo: "Hombre negro, no te pongas triste, tú serás mi amigo como el blanco. Ya le di a él la administración de la tierra, de eso no puedo disponer, pero yo te hago otro regalo, un don que tú solo poseerás: tú estarás siempre contento".

Y... he aquí por qué el blanco posee todo y nunca es feliz, mientras el negro no tiene nada pero siempre está contento. Por eso, desde ese tiempo, el negro fuma su pipa delante de su choza y observa rodar la tierra, mientras que el blanco se inquieta por amasar riquezas sin estar nunca satisfecho".

Tomada de TAM-TAM, n. 1, Boletín de Información de los amigos del Zair. N.R.

34. Manipulación

I. Objetivo: Descubrir las diversas formas como los hombres de hoy (jóvenes) son manipulados.

II. Recursos: Ambientación de la sala de reunión con afiches de propaganda de algún artículo determinado del comercio; ejemplares de la revista PROTESTA n. 34; grabación de propagandas comerciales de radio o televisión; copia de las preguntas para el trabajo individual y de grupo; juegos y cantos que ayuden a descubrir formas de manipulación; banco de láminas, cartulina, papel, marcadores.

III. Método: Tres pasos.

Primer paso

Reunidos en plenario, el coordinador explicará a la asamblea de participantes el objeto de la presente dinámica: qué es manipular (manejo, dirección de personas en forma disimulada, interesada, a un objetivo determinado); ejemplos sencillos de manipulación (madre que manipula al hijo para lograr que obedezca); peligros que conlleva la manipulación; por qué razones (sólo algunas) se reprocha la manipulación, etc.

Distribuirá en pequeños grupos el personal presente y les encomendará la tarea correspondiente a este primer paso: recoger el material de trabajo para analizar luego.

Este material puede consistir en recoger una cantidad determinada de expresiones, refranes, "slogans" que se usan en la conversación corriente, y que en el fondo son un mecanismo de manipulación; v.gr. "todo el mundo lo hace"— "la virginidad produce cáncer", etc. Seleccionar algunas propagandas que sean particularmente sugestivas por la imagen o la sentencia que la acompaña; recoger algunos sofismas (argumentación falsa) que pretenden convencer a otros; v. gr. "lo que no se usa, se atrofia"; hacer un elenco de chantajes o amenazas injustas hechas a otro, que respondan a casos concretos; casos concretos en los que aparezca la burla como mecanismo de manipulación.

Recogido este material se entrará al segundo paso.

Segundo paso

Unos nuevos grupos, refundiendo los integrantes de los grupos del paso anterior, se reunirán para poner en común el material elaborado anteriormente; analizarán este material con base en las siguientes preguntas:

• ¿Por qué califican el material recogido como mecanismos de manipulación?

• ¿Podrán hacer una especie de escala según su importancia en razón de la fuerza que tienen para convencer? Traten de construirla.

- ¿Cómo juzgan la manipulación: es un mecanismo inocente, o encierra alguna malicia particular?

- ¿Es frecuente en nuestro tiempo y en nuestra sociedad la manipulación? ¿A qué razones se debe su frecuencia?

- ¿La gente de nuestra sociedad es víctima fácil de la manipulación?

- ¿Quiénes son víctimas de la manipulación, y por qué?

- Nosotros, concretamente, ¿en qué circunstancias y cómo hemos sido manipulados?

N.B. Podrá el coordinador, en un momento determinado, invitar a todo el personal para realizar la dinámica: "Cómo seguir instrucciones". Cf. Silvio Botero G., *Diálogo y dinámica*, Indo American Press Service, Bogotá, 1982.

Esta técnica les ayudará a descubrir con qué facilidad somos víctimas de la manipulación.

Tercer Paso

Con la integración de unos nuevos grupos se procederá ahora a la formulación de una serie de actitudes para recomendar a las personas como mecanismos de defensa contra la manipulación.

Cada grupo recibirá papel o cartulina, marcadores, etc., para elaborar una cartelera con un mensaje al respecto.

Presentarán en plenario estas carteleras, las explicarán, las fijarán en la pared.

IV. Sugerencias

- Varios juegos de sala contribuyen a manifestar la facilidad con que somos víctimas de alguna manipulación.

- Organizar una campaña a realizar en un determinado ambiente (colegio-barrio-parroquia) contra una determinada manipulación.

- Exponer las carteleras (del tercer paso) como mecanismo de concientización.

- Hacer un periódico sobre el tema.

35. ¿Cuáles son tus ídolos?

I. Objetivo: Ayudar a descubrir los criterios de valoración de las personas; descubrir la escala de valores existente en la sociedad al valorar "el personaje" de cada uno.

II. Recursos: Sala de reunión, ambientación de la sala con imágenes de personajes del momento (cine-deporte-canción-ciencia, etc.); material de lectura: revistas, periódicos, almanaque de selecciones; copia de las preguntas para el trabajo de grupo; papel y lápices.

III. Método: Tres pasos.

Primer paso

Reunidos todos en la sala del plenario, el coordinador pedirá a cada uno de los presentes escribir en una planilla de papel el nombre de cinco (5) personajes destacados del ambiente social, internacional o nacional, a quienes los jóvenes admiran como "ídolos" o líderes en algún campo de la actividad social: cine—arte—literatura—deporte—ciencia—servicio social—religión—etc.

Clasificarán estos nombres haciendo con ellos una escala de menos a más importante y explicitando las razones para concederle tal o cual puesto.

Segundo paso

Formando pequeños grupos, cada uno de los integrantes del equipo informará al resto sobre su escala de personajes, explicando por qué da determinado puesto a cada personaje.

Hecha la información, tratará el grupo de formar una única escala de grupo con los personajes que, a través del diálogo, logren imponerse sobre otros por unas razones válidas.

El coordinador organizará el plenario para hacer la presentación de las diversas escalas elaboradas por los grupos; anotará las razones presentadas haciendo también con ellas otra escala, para descubrir los criterios de fondo que actúan en los participantes, y hacer tomar conciencia de ellos.

Un relator de cada grupo tomará nota de las escalas de personajes y de las razones para el puesto que les otorgaron, para trabajar con ellas en el paso siguiente.

Tercer paso

Refundiendo los participantes de los grupos anteriores en nuevos grupos, se les invita a establecer un diálogo partiendo de estas preguntas:

• Entre las varias escalas de personajes y de razones, ¿cuál elige el grupo como la más próxima a sus puntos de vista, y por qué?

• ¿Creen Uds. que muchas personas más comulgan con la escala que han elegido? ¿Cuáles personas?

• ¿Y por qué razones descartan las otras escalas? ¿Cuál de ellas rechazan con más energía, y por qué?

• ¿El título de esta técnica tiene algo que ver con la reflexión que han hecho? ¿Qué relación existe?

• ¿Realmente la gente convierte en "ídolos" a ciertos personajes de actualidad?

• ¿Los "ídolos" caen del pedestal, es decir, pierden importancia y desaparecen? ¿Conocen casos concretos? ¿Cuáles?

• ¿Qué opinan Uds. sobre los "ídolos" de la sociedad?

• ¿Conocen fábulas, canciones, poesías, leyendas, etc., que hablen del tema que nos ha ocupado? ¿Cuáles?

IV. Sugerencias

• Entonar canciones-mensaje sobre el tema presente.

• Invitar a guardar momentos de silencio para pensar en mis propios "ídolos" y cuestionar mi propia escala de personajes.

• Escuchar el programa del TIO JUAN: "Mi título inútil".

• Hacer lista de "ídolos" de la sociedad en años pasados a quienes hoy ya nadie recuerda.

36. Las esclavitudes

I. **Objetivo:** Conocimiento personal y análisis de la realidad.

II. **Recursos:** Ambientación del lugar de reunión con afiches de propaganda comercial, carteles de artistas, "slogans" callejeros destacados en carteleras, fotocopias del anexo, caricaturas de periódicos alusivos al tema, papel y marcadores, grabaciones de programas radiales comerciales, algunas revistas de PROTESTA.

III. **Método:** Tres pasos.

Primer paso

El coordinador ordenará formar pequeños grupos; a cada grupo se le encomendará montar un sociodrama sobre las "esclavitudes" que observan en la sociedad; ojalá cada grupo organice el sociodrama sobre un problema distinto; para lograrlo infórmese el coordinador sobre el tema de cada sociodrama; así podrá sugerir algún cambio. Harán la representación de los varios sociodramas en plenario, acompañando la representación de algún comentario, bien sea del coordinador, bien sea de alguno de los que participan en el plenario o de los mismos actores.

Segundo paso

Estando los grupos de trabajo en las sedes de trabajo grupal, recibirán copia de la caricatura anexa, o bien, cualquiera otra que dé pie para la reflexión sobre el tema que nos ocupa; mirarán la caricatura y dialogarán con base en estas pistas:

• ¿Qué les sugiere(n) la(s) caricatura(s)?

• ¿Es frecuente encontrar en la sociedad la situación que plantea la caricatura? Señale casos concretos.

• ¿Hay alguna relación entre las esclavitudes sociales o de grupo, de masa, y las esclavitudes (tal vez secretas) individuales, de cada uno? ¿Qué relación?

• Señale algunas de las esclavitudes individuales que el grupo descubre en este momento.

• Si consideran oportuno, dialoguen más detenidamente sobre una de estas esclavitudes individuales concretamente.

Tercer paso

En plenario, el coordinador haga la debida motivación para hacer ver que este tema debe tener una salida brillante (hablar de LIBERACIÓN).

El coordinador leerá en público: Doc. de PUEBLA, nn. 321 – 326. En torno a este trozo suscitará un diálogo espontáneo. Como posibles pistas para un diálogo, éstas:

• ¿Qué relación encuentran entre libertad y libertinaje; entre idolatría y esclavitud; entre razón y sofisma? Apliquen estos conceptos al tema de las esclavitudes.

• ¿Libertad es igual a autonomía absoluta?

• ¿Basta con la sola libertad de los condicionamientos externos?

• ¿Libertad y dominio (auto-dominio) personal son compatibles?

N.B. Podrá el coordinador suscitar un debate público sobre el tema de la libertad frente a las diversas esclavitudes. Conviene subrayar con claridad cómo la libertad se entiende sólo en un contexto de intersubjetividad, o sea, de inter-relación de personas ("mi libertad va hasta donde comienza la libertad del otro").

IV. Sugerencias

• Este ejercicio de reflexión podrá terminarse con un foro, o una mesa redonda en la que intervengan varios especialistas en las diversas materias que aparecen comprometidas en esta dinámica: drogadicción—sexo—diversión—dinero-, etc.

• Cada esclavitud que aparezca en claro a lo largo del diálogo podrá dar ocasión a más de un foro.

• Convendrá que los participantes en este ejercicio conozcan con anterioridad el tema a tratar para procurar una información o preparación previa al encuentro.

Anexo

Reírse de la esclavitud del otro cuando uno mismo es esclavo..

12 de octubre, ayer y hoy.

37. ¿Cobardía... complicidad... apatía?

I. Objetivo: Cuestionar el comportamiento de nuestra gente frente al clima de inseguridad social.

II. Recursos: Sala adecuada; tablero o papelógrafo; periódicos y revistas para buscar en ellos, casos históricos que hagan referencia al tema; papel, cartulina y marcadores para carteleras; cantos y juegos de ocasión; copia de las preguntas para el diálogo de grupo.

III. Método: Tres pasos.

Primer paso

El coordinador pondrá a disposición de los participantes los periódicos y revistas (de fecha reciente) para que busquen en ellos relatos de casos en los que aparezcan manifestaciones de la falta de espíritu cívico de la sociedad actual: atracos, homicidios, robos, falta de colaboración, indiferencia ante la necesidad ajena, etc. Esta selección podrán hacerla por equipos; escogerán varios casos; luego, también en equipo seleccionarán el que juzguen más impactante para presentarlo en el foro plenario, en el que todos los grupos darán informe del caso escogido.

Segundo paso

A partir de la realidad encontrada en los casos expuestos, los grupos harán la reflexión grupal siguiendo estas pistas:

• ¿Cuál es la forma de reacción de la gente en la calle al observar un determinado delito contra la propiedad ajena, contra la vida de una persona, contra la dignidad de alguien, contra los intereses de un tercero?

• ¿Cómo califican Uds. esta clase de reacción de la gente que observa, que ve, que oye? ¿Será apatía? ¿Será miedo y cobardía? ¿Será complicidad? ¿Será insensibilidad social, falta de espíritu cívico?

• Dónde está la causa profunda de estas actitudes de la gente: ¿miedo a qué? ¿por qué no le importa el daño del tercero?, ¿del otro?, ¿por qué la gente parece no querer ver, oír ni sentir nada?

- ¿Cuándo sí reacciona la gente? ¿En qué casos sí quiere que la gente haya visto, oído y que reaccionen favorablemente?

- ¿Qué expresiones suele usar la gente para reprochar la reacción de alguien en defensa de otro, o en contra de alguien que ataca los derechos del otro?

- ¿Qué hay en el fondo de estas expresiones y de las actitudes que hemos descubierto anteriormente?

- ¿Qué calificativo dan a esta clase de sociedad?

- ¿Cuál creen que es la solución para esta situación?

Esta última cuestión represéntenla en un sociodrama o monumento (siempre de tipo positivo).

Tercer paso

En plenario harán las diversas representaciones de los sociodramas o monumentos, con un comentario sobre el mensaje de cada uno de ellos.

El coordinador subrayará enfáticamente la necesidad de recuperar en nuestra sociedad el valor del espíritu cívico. Hacer en el tablero una catalogación de los valores que prevalecen en nuestra sociedad individualista, y los valores que según los sociodramas, cree el grupo, deben prevalecer.

IV. Sugerencias

- Invitar a canciones-mensaje, v.gr. *Oropel.*

- Hacer contar experiencias vividas por alguno de los presentes que hagan referencia al tema analizado.

- Contar casos históricos ejemplares de hombres y mujeres comprometidos en la defensa del otro.

- Lectura de la parábola del buen samaritano (Lc 10, 25-38).

38. ¿De más a menos? ¿De menos a más?

I. Objetivo: Descubrir cuál es la misión del hombre en el mundo.

II. Recursos: Sala debidamente ambientada con afiches, sentencias, etc., sobre el HOMBRE; copias de las dos imágenes

10. Dinámicas grupales de reflexión

del anexo, por separado y en número suficiente para varios grupos de trabajo; copia de las preguntas para la reflexión grupal; tablero o papelografo; juegos y cantos de ocasión; copia de los rostros.

III. Método: Tres pasos.

Primer paso

El coordinador hará una introducción para motivar y preparar al tema de reflexión: el hombre. Iniciará con la presencia y participación de todos en la sala del plenario; tratará de que sea un diálogo espontáneo sobre el tema este primer paso del ejercicio. Para dirigir el diálogo podrá orientarse de esta manera:

• ¿Qué semejanzas y diferencias observan entre el animal y el hombre?

• ¿Y estas diferencias qué consecuencias implican para el hombre y para la sociedad?

• ¿Tiene sentido la presencia del hombre en el mundo? ¿Qué sentido?

• ¿La historia del hombre a lo largo de los siglos nos lleva a concluir algo con sentido optimista o negativista (pesimista)? ¿Por qué?

Las diversas aportaciones que aparezcan, conviene anotarlas en el tablero para retener la idea y relacionarla con otras aportaciones.

Segundo paso

A cada grupo que se forme para este segundo paso dese copia de las dos imágenes del anexo; mejor aún si se entrega a unos grupos copia de una imagen, a los otros copia de la otra imagen; se les envía fuera de la sala a reflexionar cada grupo sobre la imagen que le corresponde, por separado.

Para esta reflexión basta con darles la orientación siguiente:

Se trata de observar la imagen, ver detalles y tratar de explicarlos, buscarle un sentido a la imagen, etc.

Cada grupo señalará un relator que informe luego en el plenario la reflexión hecha.

Tercer paso

De nuevo en la sala de plenarios, cada relator dará el informe correspondiente; el coordinador anotará los puntos a destacar; completará la reflexión de los grupos, corregirá si es del caso; a propósito de la segunda imagen pedirá a los grupos interpretar la posición del hombre que está en medio de otros hombres; ¿qué significa: ellos están al servicio de él? ¿El está al servicio de ellos? ¿Por qué?

Dibujará en el tablero algunas caras o rostros: una con ojos cerrados, sin boca, nariz, ni oídos; otra con ojos cerrados, boca, nariz, y oídos; otra con ojos, boca y oídos abiertos. Pedirá a los presentes, en pequeños grupos y dentro del aula de reunión, interpretar estas imágenes en relación con el tema que se viene desarrollando.

Pedir que hagan aplicaciones prácticas del tema analizado a la situación concreta-histórica del país o región: ¿cuál de las dos imágenes representa la situación del hombre del sector? ¿Por qué? Si acaso es la primera imagen, preguntar ¿de quién depende que se viva tal situación? ¿Qué causas originan esta situación? ¿Es justa tal forma de vivir? ¿Qué hacer?

Esta última pregunta (¿Qué hacer?) tiene particular importancia para buscar una salida humana y justa a la situación.

IV. Sugerencias

• Podrá añadirse la reflexión sobre "la parábola del águila".

• El audiovisual "La Isla" o la "parábola del agua" serán un material valioso para ilustrar esta reflexión.

• Conviene mucho motivar el personal para una obra o trabajo de grupo como intento de reforma de la situación.

• Subrayar mucho los derechos del hombre; a ser posible leer la *Declaración de los Derechos Humanos*, de la ONU y comentarlos.

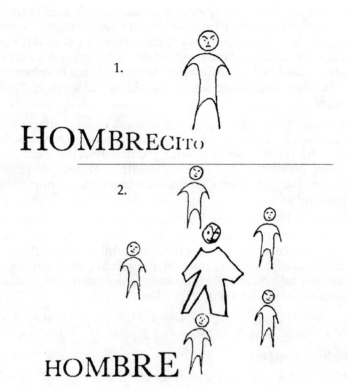

1.

HOMBRECITO

2.

HOMBRE

39. ¿Diferencia igual a desigualdad?

I. Objetivo: Análisis sobre la discriminación social y motivación hacia la mutua aceptación.

II. Recursos: Banco de láminas (revistas—fotografías—periódicos-) que reproduzcan estos motivos: personas de diverso color y raza; personas de diversos oficios u ocupaciones; personas de distintas edades; motivos de edificios según clase social: rascacielos, casa modesta, choza, etc.; copias del texto del sueño de Martin Luther King, y de las preguntas para el diálogo grupal; cantos y juegos.

III. Método: Cuatro pasos.

Primer paso

Comenzando con una previa motivación sobre el tema de la discriminación en sus diversas formas, el coordinador dispondrá la organización de varios grupos, y a cada uno de ellos (cinco en total) encomendará la elaboración de una cartelera por grupo con un tema distinto:

— Grupo n. 1: Cartelera con las diversas razas existentes.

— Grupo n. 2: Cartelera con los diversos oficios u ocupaciones de la gente: médico-educador-campesino-lustrabotas-sastre-constructor, etc.

— Grupo n. 3: Cartelera con diversos tipos de construcción: de clase alta, media y baja.

— Grupo n. 4: Cartelera con gente de diversa condición social: rico y pobre, instruido e ignorante, bien instalado y vagabundo, etc.

— Grupo n. 5: Cartelera con personas de edad diversa: anciano, adulto, joven, niño.

Cada cartelera llevará su mensaje; las fotografías tendrán su pie de foto, etc.

Harán en plenario presentación de las carteleras elaboradas, y se planteará para todos una misma pregunta: ¿qué les dicen las diversas carteleras? Se entabla así un diálogo espontáneo al respecto.

Segundo paso

Los diversos grupos que elaboraron las carteleras irán nuevamente a su sede de trabajo; llevará cada grupo copia del trozo que recoge el sueño de Martin Luther King (anexo). Sobre el sueño del pastor Martin Luther King se hace una reflexión guiándose por estas preguntas:

• ¿En qué consiste el sueño de Martin Luther King?

• ¿Sueña él con la desaparición de todas las diferencias entre los hombres?

• Las carteleras representan una gama de diversas diferencias; ¿qué diferencias piensa el pastor norteamericano que desaparecerán y cuáles no? ¿Por qué?

• Suponiendo que desaparezcan las diferencias que Martin Luther King soñó que desaparecerían, entonces, ¿creen Uds. que la convivencia humana no tropezará con dificultades? ¿Por qué?

Hágase el plenario acudiendo a la técnica de formar nuevos grupos que intercambien lo dicho en los grupos anteriores.

Tercer paso

El coordinador invitará a los diversos grupos a montar un "monumento" que los demás grupos deberán interpretar a su turno, sobre las diferencias (normales); edad—raza—trabajo distinto pero humano, y sobre las diferencias injustas: rico—pobre, ignorante—sabio; casa muy cómoda y chozas miserables, etc.

Si las circunstancias favorecen un foro, vale la pena hacerlo.

Cuarto paso

Si el tiempo lo permite, se podrá llegar a este cuarto paso del ejercicio que consistirá en la lectura de la *Declaración de los Derechos Humanos* hecha por la ONU (10 de Dic. de 1948), contraponiendo a la lectura de la declaración, una lectura de datos estadísticos de la situación social de desigualdad inhumana en que viven muchos hombres: educación—alimentación—vivienda—trabajo—promoción —descanso, etc.

IV. Sugerencias

• Dar oportunidad de curiosear revistas. Facilitar material para buscar datos estadísticos.

• Escuchar canciones-mensaje sobre el tema.

• Recordar datos más amplios sobre la figura de Martin Luther King y sobre otras figuras destacadas en la lucha contra la discriminación.

Anexo

"Un día el pastor Martin Luther King dijo a las muchedumbres que marchaban pidiendo la igualdad del negro: 'Yo tuve un sueño. Soñé que un día esta nación se levantaría y viviría de acuerdo con el verdadero significado de su credo, el cual sostiene incontrovertible, que todos los hombres fueron creados iguales.

Yo tuve un sueño: soñé que un día los hijos de los antiguos esclavos y los hijos de los amos llegarían juntos a la mesa fraternal.

Yo tuve un sueño: soñé que mis cuatro hijitos vivirían un día en una nación donde no serían juzgados por el color de su piel sino por las virtudes de su carácter.

Yo tuve un sueño: soñé que un día pequeños niños negros y pequeñas niñas negras estrecharían sus manos con las de niños y niñas blancas, como hermanos y hermanas.

Y cuando esto suceda uniremos nuestras manos y cantaremos: ¡iguales al fin, iguales al fin!'''.

40. Termómetro de la sensibilidad social

I. Objetivo: Analizar la sensibilidad social de nuestro pueblo.

II. Recursos: Ambientación adecuada del lugar de reunión; copia en número suficiente para los grupos del caso anexo para analizar; cantos y juegos de sala; papel y marcadores para elaborar carteles-mensaje; copia del texto de las preguntas para la reflexión grupal.

III. Método: Tres pasos.

Primer paso

El asesor hará una introducción a este tema de actualidad en la época actual; llamará la atención sobre la relación que existe entre sensibilidad social y espíritu cívico; invitará a la participación activa en este ejercicio.

Distribuirá entre los grupos copia del caso anexo para leer y comentar, junto con la invitación a presentar otros casos similares del ambiente histórico y social propio nuestro; entre los casos presentados en cada grupo elegirán uno por cada grupo para narrar en plenario; si es el caso, podría dramatizarse a la manera de sociodrama o de monumento.

Segundo paso

El asesor pedirá a cada grupo regresar a sus bases de trabajo para iniciar la reflexión grupal sobre la problemática puesta sobre el tapete de discusión en los casos narrados.

Preguntas para esta reflexión:

• ¿Existe o no en nuestro ambiente sensibilidad social? ¿Por qué?

Señalen casos concretos de la existencia o no de esta sensibilidad social.

• ¿A qué causas atribuyen Uds. la problemática ventilada en el primer paso?

• ¿Qué soluciones sugieren para una efectiva mejoría de nuestra sociedad en este aspecto?

Para recoger los varios aportes de la reflexión grupal, el coordinador invitará a refundirse los grupos de tal manera que en cada nuevo grupo haya un (1) participante de los grupos anteriores; así, entre ellos, harán la presentación del diálogo hecho en cada grupo de trabajo.

Tercer paso

Cada grupo recibirá material suficiente (papel o cartulina-marcadores) para elaborar unas carteleras en las que aparezcan unos "slogans" invitando a corregir lo negativo conocido en los casos del primer paso; estos "slogans" se presentarán en plenario haciendo un comentario de ellos, si es el caso, y los fijarán en las paredes de la sala.

IV. Sugerencias

• Llevar para este ejercicio periódicos y revistas que presenten la realidad del momento.

• Hacer alusión a canciones-mensaje que denuncian hechos concretos.

Si se quiere dar el Salto Catequético, podrá cerrarse el ejercicio con una reflexión sobre la parábola del buen samaritano (Lc 10, 25-38).

Anexo

En mayo de 1963, la Jefatura Provincial de Tráfico de Barcelona, repitiendo una prueba hecha en otros países europeos, simuló un accidente en el kilómetro 16 de la carretera de San-Adrián del Besós a La Roca[1]. Un SEAT 1.400 se veía completamente destrozado junto a un árbol, y en su interior dos personas, al parecer exánimes: una estaba con el brazo asomado por la ventanilla y otra con manchas goteantes de sangre. Durante los treinta y cinco minutos que duró el simulacro, pasaron 40 vehículos por aquel tramo de carretera. Pues bien, la prueba sobre la reacción moral de sus ocupantes dio un resultado muy semejante al obtenido en otras naciones, y de alto interés para la ética y la sociología. De los 40 vehículos, sólo 11 se detuvieron inmediatamente para ofrecer su ayuda, seis siguieron su marcha y avisaron a la fuerza pública de lo que habían visto, y 23 continuaron, sin más, su camino, no sin haber vuelto la cabeza al lugar del accidente y darse cuenta de él.

Prescindiendo de otras consideraciones que puede suscitar el hecho[2], la que nos interesa destacar a nosotros es que sólo el 42,5% cumplieron con su deber moral grave de ayudar al prójimo en tales circunstancias, mientras que un 57.5% se dejó vencer por el egoísmo, librándose de las molestias que estos casos acarrean. Aun teniendo en cuenta las posibles circunstancias atenuantes — como el miedo patológico que se apodera de determinados sujetos ante la vista de personas siniestradas en accidente—, espanta ese porcentaje tan elevado de ausencia del deber y de laxitud de conciencia.

Cf. ALEJANDRO ROLDAN, La Conciencia Moral, Ed. Razón y Fe, Madrid, 1966, pp. 7-8.

---

1. Ya, 4-V-1963, p. 8.

2. Es interesante, por ejemplo, la observación que hace la nota periodística que citamos, donde se registra cómo los que más ayuda ofrecieron fueron los conductores de camiones, y los que menos, los motoristas.

Bibliografía

A. Vela Jesús, *Técnicas y prácticas de las relaciones humanas*, Indo American Press Service, Bogotá, 1980.

Luque Francisco, *Un proyeeto de vida*, Indo American Press Service, Bogotá, 1981.

Botero J. Silvio, *Evangelio y dinámicas*, Ediciones Paulinas, Bogotá, 1982.

Botero J. Silvio, *Diálogo y dinámicas*, Indo American Press Service, Bogotá, 1982.

CELAM, *Elementos para un directorio de pastoral juvenil orgánica*, Bogotá, 1982.

Alvarez Gastón R., *Proyecto de vida. Orientación vocacional de los jóvenes*, Editorial del Perpetuo Socorro, Madrid, 1978.

Varios, *El discernimiento vocacional*, Ediciones Paulinas, Bogotá, 1980.

Pallares Manuel, *Técnicas de grupo para educadores*, Publicaciones ICCE, Madrid, 1980.

Hostie Raymond, *Técnicas de dinámica de grupo*, Publicaciones ICCE, Madrid, 1979.

Pérez Alvarez J. L., *Fermento en la masa*, Centro Nal. Salesiano de Pastoral Juvenil, Madrid, 1978.

Proaño Leonidas, *Concientización, evangelización, política*, Ediciones Sígueme, Salamanca, 1975.

Palomino Juan, *Los encuentros juveniles*, Indo American Press Service, Bogotá, 1979.

Varios, *Asesoramiento de grupos*, Editorial El Manual Moderno, S.A., México, 1976.

Klaus Antons, *Práctica de la dinámica de grupos*, Editorial Herder, Barcelona, 1978.

Francia Alfonso, *Dinámica de grupos, I. Doc. y Servicio No. 12*, Centro Nal. Salesiano de Pastoral Juvenil, Madrid, 1980.

Francia Alfonso, *Curso para jóvenes cristianos animadores de grupos* Centro Nal. Salesiano de Pastoral Juvenil, Madrid, 1980.

Quoist Michel, *Oraciones para rezar por la calle*, Ediciones Sígueme, Salamanca, 1975.

Arias Juan, *Oración desnuda*, Ediciones Sígueme, Salamanca, 1975.

Indice

Distribución:

COLOMBIA

Departamento de Ventas
Calle 18 No. 69-67
Tels.: 4113976 - 4114011
FAX: 4114000 - A.A. 080152
Santafé de Bogotá, D.C.

ECUADOR

Pascual de Andagoya 388 y Av. América
Tel.: 2 541650 - Fax: 2 568816
Casilla 1703866 - Quito

PANAMA

Boulevard EL DORADO Av. 17B Norte
Tels.: (507) 260 37 38 - 260 48 62
Fax: (507) 260 61 07
Apartado Aéreo 67210 - Panamá

TALLER SAN PABLO
SANTAFE DE BOGOTA, D.C.
IMPRESO EN COLOMBIA — PRINTED IN COLOMBIA